구글에서 배우는 딥러닝

Learning from Google Deep Learning

저자 · 닛케이 빅데이터

YoungJin.com **Y.**
영진닷컴

구글에서 배우는 딥러닝

GOOGLE NI MANABU DEEP LEARNING by Nikkei Big Data.

Copyright @ 2017 by Nikkei Big Data.

Originally published in Japan by Nikkei Business Publications, Inc.

Korean translation rights arranged with Nikkei Business Publications, Inc. through

LINKING-ASIA INTERNATIONAL, Inc

ISBN 978-89-314-5663-9

독자님의 의견을 받습니다.

이 책을 구입한 독자님은 영진닷컴의 가장 중요한 비평가이자 조언가입니다. 저희 책의 장점과 문제점이 무엇인지, 어떤 책이 출판되기를 바라는지, 책을 더욱 알차게 꾸밀 수 있는 아이디어가 있으면 이메일, 또는 우편으로 연락주시기 바랍니다.
의견을 주실 때에는 책 제목 및 독자님의 성함과 연락처(전화번호나 이메일)를 꼭 남겨 주시기 바랍니다. 독자님의 의견에대해 바로 답변을 드리고, 또 독자님의 의견을 다음 책에 충분히 반영하도록 늘 노력하겠습니다.

주 소 : (우)08505 서울시 금천구 가산디지털2로 123 월드메르디앙벤처센터2차 10층 1016호
대표팩스 : (02)867-2207
등 록 : 2007. 4. 27. 제16-4189호
이메일 : support@youngjin.com

STAFF

저자 닛케이 빅 데이터 | **역자** 서재원 | **책임** 김태경 | **진행** 김민경 | **편집** 박다혜 인주영 | **디자인** 임정원
영업 박준용 임용수 | **마케팅** 이승희 김다혜 김근주 조민영

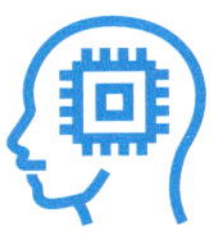

이 책을 접하신 많은 분이 '닛케이 빅 데이터'라는 잡지 이름을 처음으로 보셨을 것으로 생각합니다.

'닛케이 빅 데이터'는 닛케이 BP 사가 2014년에 창간한 전문지입니다. 기업 사이에서 주목을 받는 빅 데이터와 인공 지능, IoT(사물인터넷)를 활용한 신사업의 창출과 업무개혁을 중점적으로 취재하고 있습니다.

관련된 뉴스와 활용 사례, 분석 기술과 데이터 시각화의 노하우를 월간지와 매일 업데이트되는 웹 사이트를 통해 구독자 여러분께 전하고 있습니다.

전문지로서 제3차 인공지능 붐이 무르익었음은 창간 당시부터 주목하고 있었습니다. 2015년 6월에는 홋카이도 하코다테에서 개최된 인공지능 학회 전국대회에 파견한 기자가 "유료 참가자가 지난해보다 100명 많은 1,100명이 되었습니다."라고 보도했습니다. 기자는 참가 정원을 초과하는 열기에 "이 붐은 진짜구나!"라고 흥분했던 것입니다.

그러나 이 호황은 붐의 시작에 불과했습니다. 이듬해 2016년의 대회에는 유료 참가자가 무려 500명이나 늘어난 약 1,600명에 달했습니다.

연구자의 관심은 물론이거니와, 같은 해에는 텔레비전 등의 매스미디어에서 다루는 비율이 늘어났고 나라와 기업이 투입하는 연구 예산도 급증 일로를 달렸습니다.

제3차 인공지능 붐을 일반 대중에게 더욱 널리 알린 계기는, 세계적인 수준의 바둑 기사에게 승리를 거둔 인공지능 '알파고'라고 할 수 있겠지요. '인공지능이 바둑으로 사람을 이기려면 10년은 필요하다'라는 평이 일반적이었던 만큼 충격이 컸고, 사람의 노동력이 인공지능으로 대체되리라는 논조도 힘을 받았습니다.

본지는 인공지능이 일부 연구자나 기술자만의 소유물이 아니게 되었다는 사실을 확신하고, '일반 직장인들에게도 이 인공지능이 미치는 영향을 전해야겠다'라고 결의를 다졌습니다.

그때, 구글의 엔지니어가 딥러닝의 메커니즘을 설명해 주는 기회가 생겼습니다.

'이번이야말로 딥러닝을 이해할 수 있는 기회다.'

지식이 깊은 사람일수록 어려운 기술을 누구나 이해할 수 있는 쉬운 말로 설명할 수 있기 때문입니다.

우리는 딥러닝 메커니즘의 해설자로 그들을 주목하고 취재를 거듭했습니다. 그렇게 해서 완성된 것이 이 책입니다.

그동안 관심은 있었지만, 인공지능과 머신러닝, 딥러닝 등 세간에 화제가 되는 용어 사이의 관계를 이해할 수 없었던 분들도 적지 않았을 것입니다. 그러한 일반인을 대상으로 수학 공식이 전혀 등장하지 않는 딥러닝 해설서를 시도했습니다.

또한 구체적인 활용법을 머릿속으로 떠올릴 수 있도록 구글의 서비스와 실제 기업이 업무에서 활용하는 사례와 활용을 검토하는 방법을 3~5장에 정리했습니다.

취재에 협조해 주시고, 활용 노하우까지 아끼지 않고 말씀해주신 많은 분들께 지면을 빌어 감사의 말씀을 올립니다.

닛케이 빅 데이터 편집장

스기모토 아키히코

닛케이 빅 데이터

'데이터 활용을 통해 성장 전략을 기획하는' 기업을 위한 전문지.
빅 데이터×인공 지능×IoT(사물인터넷)의 활용 사례를 중심으로 취재하여
구독자를 위한 웹 사이트와 월간지에 연재 중.

역자의 말

처음 번역을 의뢰받았을 때는 걱정이 앞섰습니다. 딥러닝이라는 전혀 생소한 분야가 제 경험과 상식을 뛰어넘지 않을까, 원서에 누가 되지 않을까….

하지만, 닛케이의 우수한 기자들은 어려운 수학 공식을 일체 배제한 입문서를 만들어 냈고, 결과적으로는 성공한 듯 보입니다.

이 책의 대부분은 인터뷰 형식으로 진행됩니다. 편한 마음으로 다큐멘터리를 본다는 느낌으로 읽어보시길 권합니다.

특히 마지막 6장의 인터뷰는 꼭 챙겨보시길 바랍니다. 그 어디서도 볼 수 없었던, 인공지능에 대한 통찰은 감동적이기까지 합니다.

독자님들의 의식의 흐름에 최대한 방해가 가지 않도록 정성껏 번역했습니다. 이 책이 딥러닝의 저변 확대에 조금이나마 도움이 된다면 큰 기쁨이겠습니다.

번역을 의뢰해 주신 영진닷컴 김태경 부장님과 용기를 북돋아 주신 소프트와이드 김성원 이사님. 번역하는 기간 동안 많은 도움을 주신 네이버 비즈니스 플랫폼의 심항섭 님께 지면을 빌려 감사를 전합니다.

서재원 cinos81@gmail.com

프리랜서 웹 개발자와 번역가로 활동 중. 최근에는 클라우드 기술의 활용에 관심이 많다. 번역서로는 '그림으로 배우는 알고리즘', '그림으로 배우는 자바', '그림으로 배우는 C++', '그림으로 배우는 클라우드' 등이 있다.

차례

Chapter 0. Intro

Chapter 1. 기초 입문

Chapter 2. 입문

Chapter 3. 구글 사례 편

Chapter 4. 기업 사례 편

Chapter 5. 활용 프레임워크 편

Chapter 6. 미래 전망 편

Intro.

딥러닝이 모든 비즈니스를 변화시킨다.

딥러닝이 모든 비즈니스를 변화시킨다.

정상급의 프로 바둑 기사에게 승리하고, 퀴즈 챔피언을 이기는 등 인공지능은 특정 분야에서 상징적인 성과를 거두어 왔습니다. 그러나 최근에는 인공지능이 사람의 생활이나 경제 활동을 개선하여 세상을 변화시킬 가능성을 보여주는 사례가 속속 나오고 있습니다.

미국의 구글은 인공지능을 사용한 Google 번역의 정확성을 뇌의 신경 회로 메커니즘의 원점에 있는 뉴럴 네트워크(Neural Network)를 사용하여 크게 개선했습니다.

기술 계열의 뉴스와 서적을 다수 번역하고 있는 번역가인 나메카와 우미히코 씨는 다음과 같이 평가하며, 기업 비즈니스의 변화 가능성을 지적합니다.

"자연스러운 표현의 일본어를 기대하기는 여전히 어렵지만, 아랍어와 태국어처럼 거의 읽을 수 없는 문자의 언어로 작성된 문장의 내용을 파악하는 용도로 Google 번역을 사용하고 있습니다.

번역에 뉴럴 네트워크를 적용함에 따라, 자연어 분석의 처리 능력이 향상되었다는 점이 중요합니다.

영어 문장을 Google 번역에게 소리내어 읽게 하면, 문장을 사람처럼 이해하여 구조(주어, 동사, 목적어, 수식어)대로 읽습니다. 이러한 영문 처리 능력이 있으면, 미래의 콜센터 오퍼레이터의 80%는 로봇으로 대체될 수도 있습니다."

또한 구글은 인공지능을 활용하여 자사 데이터 센터 서버 등의 냉각 소비전력을 40%나 절감했습니다. 냉각 시스템, 창문의 개폐 조정이 포함된 약 120개의 요소를 제어하여 최적화를 했다고 합니다.

이 힘을 발견한 기업은 구글 뿐만이 아닙니다. 미래의 신사업과 업무 혁신이 인공지능 기술로부터 탄생할 것으로 예상하는 기업들이 속속 대형 투자를 하고 있습니다.

도요타 자동차는 2016년 1월에 인공지능의 연구개발 거점인 도요타 리서치 인스티튜트를 설립하고, 5년간 10억 달러를 투자합니다.

파나소닉은 국내외의 5개의 거점에 인공지능 관련 기술의 연구를 진행하며, 향후 3년간 인공지능 기술자를 3배로 늘릴 방침입니다.

소니는 딥러닝 중에서도 심층 강화학습(Deep Reinforcement Learning)이라는 분야에 우수한 기술력을 보유한 것으로 알려진 미국의 코지타이를 인수하여, 소니 컴퓨터 사이언스 연구소 등에서 인공지능과 로봇 등의 연구를 진행하고 있습니다.

일본 정부도 경제 산업성, 총무성, 문부 과학성 산하 연구소에 인공지능 전문 연구 조직을 마련하고, 기업과의 공동 연구 등을 적극적으로 추진하고 있습니다. 또한, 경제 산업성, 총무성, 문부 과학성 간의 연계를 촉진하기 위한 인공지능 기술 전략 회의를 설치하여, 거국적인 인공지능의 연구개발에 주력하는 자세를 표명했습니다.

예를 들어, 문부 과학성 산하의 이화학 연구소는 교토 대학을 비롯한 대형 제약·화학·식품·의료·헬스케어 관련 수십 개 기업과 연계하여, 생명과학 분야를 위한 인공지능과 빅 데이터 기술을 공동으로 개발해 나가는 라이프 인텔리전스 컨소시엄을 2016년 11월에 설립했습니다.

기업이나 국가가 막대한 투자를 하는 미국, 중국 등과의 인공지능 개발 경쟁에 민관의 힘을 결집하여 이겨내려는 계획입니다.

지금을 제3차 인공지능 붐이라고도 부르지만, 그 배경에는 딥러닝(Deep Learning, 심층 학습이라고도 부릅니다)이라는 수단의 진화가 있습니다.

2016년, 정상급의 프로 바둑기사 이세돌을 상대로 구글의 계열사인 영국 딥마인드(DeepMind)의 인공지능 '알파고(AlphaGo)'가 승리했는데, 이 인공지능에도 딥러닝 기술이 사용되고 있습니다.

이 책은 딥러닝의 메커니즘에 관해 자세히 설명하고 있습니다만, 사실 딥러닝은 새로운 기술이 아닙니다.

딥러닝과 마찬가지로 뇌를 모방한 알고리즘의 연구는 1940년대 무렵부터 시작되었습니다. 이미 여러 번 주목을 받았지만, 기술적인 문제가 발견되면서 붐은 사그라졌습니다.

2000년대 후반에 들어서, 학습에 필요한 충분한 양의 데이터와 그것을 처리할 수 있는 계산기를 비교적 쉽게 구할 수 있게 되었고, 정확도가 단번에 향상되어 갔습니다.

이미지에 무엇이 보이는지를 인식하는 이미지 인식의 정확도는 이미 인간의 수준을 웃돌고 있는 것으로 알려져 있습니다.

그 중, AI(인공지능) 퍼스트라는 경영 방침을 내세운 회사가 구글입니다.

구글의 순다 피차이(Sundar Pichai) CEO는 2016년 4월에 주주에게 보내는 편지에서 '우리는 모바일 퍼스트 세계에서 AI 퍼스트 세계로 이행할 것'이라고 선언했습니다.

구글의 모회사인 미국 알파벳의 에릭 슈미트(Eric Schmidt) 회장 또한, '향후 IPO(신규 공개 주식)의 상위 5개 기업은 머신러닝(의 관련 사업을 전개하는 기업)에서 탄생할 것'이라고 예언합니다.

구글 스스로가 1,000개 이상의 서비스에 딥러닝 기술을 활용하고 있고, 그 수는 해마다 증가하고 있습니다. 또한, 핵심 서비스인 검색 결과를 결정하는 요소에는 인공지능을 사용한 랭크브레인(RankBrain)을 적용하여 3번째로 중시하는 지표로 삼고 있다고 합니다.

인공지능은 검색 연동형 광고 등으로 인터넷의 광고 시장에서 다양하게 활용되었습니다. 그 결과, 세계의 인터넷 광고 시장은 2015년에 1,700억 달러 이상의 규모로 성장했습니다.

모든 사물이 인터넷에 연결되어 실행 데이터 등을 수집하는 IoT(사물 인터넷)가 실생활에 침투함에 따라, 실제 사회의 데이터화와 디지털화가 진행됩니다.

데이터 급증에 힘입어, 인공지능이 활약하는 영역은 이제 인터넷에서 실제 세계로 급속히 퍼질 것입니다.

도요타는 2020년까지 미국과 일본의 거의 모든 승용차에 차량 통신 장치를 탑재하여 자동차를 네트워크에 접속시키는 계획을 발표했습니다.

이를 통해 모이는 엔진 등의 운영 데이터에 따라 자동차의 유지보수를 하거나, 주행 데이터에 따른 보험 서비스 제공을 전개해 나갑니다.

자동차는 물론, 스마트폰과 웨어러블 단말기, 거리의 카메라와 센서가 사람들의 활동을 끊임없이 데이터로 가공합니다.

자동차와 비행기, 사무실의 디지털 복합기, 공장의 생산 설비와 같은 사물의 상태가 모두 기록되어 빅 데이터로 만들어지게 됩니다.

후지 필름에서 ICT(정보 통신 기술) 분야를 담당하는 시바타 노리오 상무 집행 임원은 2016년 11월 닛케이 빅 데이터 주최 이벤트에서 이러한 견해를 피력했습니다.

"기업의 경쟁력은 데이터를 수집하여 가치로 바꾸는 능력입니다."

이 회사는 2015년 8월, 전사적으로 공유할 수 있는 빅 데이터 분석 플랫폼을 발표했습니다.

헬스케어와 같은 일부 사업의 웹 플랫폼이 생산한 판매 이력과 매장 판매 기기의 조작 이력, 생산 실적과 같은 다양한 자료가 등록됩니다. 정기적으로 보고서를 제공하여, 사내 데이터 활용의 벽을 낮추는 역할을 하고 있다고 합니다.

또한, 머신러닝과 결합하여 비즈니스의 의사결정으로 이어가려는 노력을 시작하고 있습니다.

2016년 4월에는 IoT와 인공지능을 활용한 혁신적인 제품과 서비스의 개발을 꾀하는 인포메틱스 연구소도 설치했습니다.

빅 데이터와 인공지능은 앞으로 어떠한 비즈니스를 낳게 될까요?

그 좋은 예가, 미국의 우버 테크놀로지(Uber Technologies)와 미국의 에어비앤비(Airbnb) 등이 펼치고 있는 쉐어링 서비스입니다.

우버는 이동하고 싶은 사람이라는 수요 정보와 이동 수단을 제공할 수 있는 사람(자동차와 운전자)이라는 공급 정보를 스마트폰 앱으로 대량 수집하여, 수요와 공급의 최적 매칭을 실현했습니다. 우버 스스로 자동차를 보유하지 않으면서도, 저렴하고 효율적인 이동 서비스를 개발했습니다.

에어비앤비 또한 마찬가지로, 숙박 장소를 찾는 사람(손님)과 빈방을 빌려주고 싶은 사람(호스트)의 수요와 공급을 매치합니다. 또한, 수백 가지 데이터를 바탕으로 인공지능이 생성한 알고리즘을 통해, 매출이 최대치가 되는 숙박 요금을 추측하여 빈 방을 제공하는 호스트에게 매일매일 제안하고 있습니다.

부동산이 위치한 도시의 숙박 수요의 동향, 부동산이 가진 교통 편의성과 지역 지구 정보, 과거 손님이 작성한 리뷰 등의 데이터를 통해 인공지능이 최적의 가격을 판단합니다.

이처럼 유휴 자산을 효율적으로 공유하는 쉐어링 서비스는 빅 데이터와 인공지능에 의한 정확한 매칭 능력을 무기로, 택시나 호텔과 같은 기존 산업을 파괴할 수도 있는 혁신을 일으키며 급성장을 이루고 있습니다.

인공지능이 혁신을 일으키는 시대로

혁신이란 무엇일까요? 일본 네슬레(Nestle)의 '다카오카 코우조' 사장은 이렇게 정의합니다.

> "혁신이란 고객이 답할 수 없는 문제를 해결한 경우에만 태어난다."

빠르게 이동하기 위해 빠른 마차 대신에 자동차를 만드는 것, 시원함을 실현하기 위하여 큰 부채 대신 선풍기를 만드는 것, 이러한 이용자의 과제들을 이용자가 생각하지 못한 형태로 해결하는 제품과 서비스야말로 혁신이라고 말할 수 있습니다.

또한 타카오카 사장은 이러한 말을 덧붙였습니다.

> "지금은 전기와 석유로 해결할 수 있는 문제가 거의 사라졌습니다. 그것을 인터넷이나 인공지능 등으로 해결해야만 하는 시대가 21세기입니다."

그래서 네슬레는 IoT 커피 머신인 바리스타 i를 개발했습니다.

스마트폰의 앱으로 자신의 취향에 맞는 커피를 쉽게 만들 수 있으며, 커피를 마신 정보를 앱을 통해 멀리 사는 가족과 친구들과 공유하여 커뮤니케이션하는 계기를 만드는 등의 새로운 고객 경험을 실현했습니다.

바리스타 i는 2016년 10월에 출시한 후, 2개월 만에 출하 대수가 1만 대를 돌파했다고 합니다.

빅 데이터×인공지능에 의한 혁신의 기회는 어떠한 업계에도 존재합니다.

예를 들어, 제조업에서는 제너럴 일렉트릭(GE)이 산업 인터넷 구상을 추진하고 있습니다. 비행기의 엔진과 발전기 등의 데이터를 수집하고 인공지능으로 분석하여, 고객에게 배달된 제품의 이상 감지와 고장 예측, 운행의 최적화를 통해 에너지 비용 절감 등에 도움을 주고 있습니다.

유통업에서는 다양한 상점과 업태에서 수집한 고객 데이터와 제품의 데이터를 통합적으로 관리하여 고객 1명과의 모든 접점에서 일관된 경험을 제공하는 옴니 채널(Omni-channel) 전략이 침투하고 있습니다.

예를 들어, 패스트 리테일링(Fast Retailing, 유니클로의 모회사)은 고객이 매장에서 신체의 치수를 재면, 인터넷 쇼핑몰 사이트에서 맞춤 셔츠와 재킷을 주문할 수 있습니다.

그리고 전사적 전략으로 정보 제조 소매업을 표방하고 있습니다. 고객의 소리를 빅 데이터로 분석하여 신속하게 상품화할 수 있으며, 구매 동향 등의 분석을 통해 언제든지 정밀한 수요 예측과 판매 계획의 작성 및 수정을 할 수 있는 커스터머 센트릭(Customer Centric, 고객 중심주의)을 지향하고 있습니다.

가장 큰 경제 효과가 기대되는 분야는 의료, 보건 분야입니다. 병원과 의료보험, 개인의 건강 관리 앱 등에 각각 기록된 치료 기록과 건강 진단 기록, 라이프 로그 데이터들을 통합하면, 환자와 건강한 사람 사이에 식습관, 수면과 같은 생활 습관, 치료와 약물 복약 상태에 어떠한 차이가 있는지를 분석할 수 있습니다.

그 결과를 바탕으로 건강 지도나 치료를 함으로써, 질병이나 악화를 방지할 수 있게 됩니다. 고령화로 인해 계속 증가하고 있는 의료비의 절감으로 이어질 것으로 기대를 받고 있습니다.

건강에 관련된 데이터의 활용은 병원과 제약 회사, 보험 회사, 헬스클럽, 음식과 주택 업체 등 다양한 업계의 비즈니스에 영향을 줄 것입니다.

그 외에도, 금융 분야에서는 빅 데이터를 기반으로 투자 자산의 배분이나 대출, 보험 가입 심사 등을 실현하는 핀 테크가, 교육 분야에서는 성적이 우수한 학생의 학습 과정 데이터를 분석하여 다른 학생들의 지도에 도움을 주는 에듀 테크가, 인사 분야에서는 우수한 직원 채용 과정 데이터를 분석하여 좋은 인재의 채용으로 연결시키려는 HR 테크 등이 주목을 받고 있습니다. 모든 산업의 업무에서 혁신이 일어나려 하는 것입니다.

이러한 변화의 바탕에는 모두 빅 데이터(Big Data)의 존재가 있습니다.

IoT에 의해 실제 세계가 디지털화되면서, 인터넷 검색과 광고의 품질 향상 등을 위해 발전해 온 인공지능 기술이 디지털화된 실제 세계의 시각화와 최적화에 사용될 수 있게 되었습니다.

이러한 이유로, 모든 산업에서 IoT와 빅 데이터와 인공지능이 주목을 받게 되었고, 유수의 기업들이 경쟁적으로 연구개발을 하고 있는 것입니다.

1. 데이터 취득	2. 데이터	3. 분석	4. 디지털 트랜스포메이션에 의한 산업 구조의 변화	업종
IoT와 같은 센서, 웨어러블 디바이스, 포인트 카드, 스마트폰 앱, API 등	빅 데이터	인공지능, 머신러닝 등 의 분석 방법	산업 인터넷 / 인더스트리 4.0	제조
			EC · 옴니채널	유통
			자동운전 · 공유경제	교통 · 운송
			신약 · 개별화 의료 · 의료비 절감 (데이터 헬스 계획)	의료
			FinTech (대출 심사 및 보험료의 개별화)	금융
			스마트 하우스 / HEMS	에너지 / 주택
			EduTech (어댑티브 러닝 등)	교육
			HRTech	인재
			스마트 컨스트럭션 i-Construction	건설
			빅 데이터에 의한 새로운 경제지표 · 소비지표	공공

중소기업에도 인공지능의 혜택이

지금까지 대기업의 사례를 중심으로 이야기했습니다만, 중소기업에서도 인공지능 발전의 혜택을 누릴 수 있게 되었습니다.

최근에는 클라우드 서비스를 제공하는 대형 IT 기업들이 자체 데이터로 미리 학습시킨 인공지능 API(Application Programming Interface)를 제공하고 있으며, 그 종류를 늘리고 있습니다. 일정 횟수는 무료로 제공하면서 이후에는 건 단위 종량제로 과금하는 방식의, 사용이 편리한 요금체계를 갖추고 있습니다.

API는 이미지 계열, 언어 계열, 음성 계열, 검색 계열로 분류할 수 있습니다. 여기에서 한가지 효과적인 활용 사례를 소개하겠습니다.

시즈오카현 아타미시에 본사를 둔 인터넷 서비스 개발 회사인 오모로키는 이미지 계열 API를 활용하는 회사입니다. 이 회사는 구글의 이미지 분석 서비스인 Vision API를 도입하여, 사용자가 올린 사진에 재미있는 말풍선 등을 붙이면서 즐기는 보케테(bokete)라는 인터넷 서비스를 운영하고 있습니다.

보케테는 사용자가 올린 사진을 공개하기 전에, 부적절한 이미지를 미리 배제하고 공개해야 합니다. 이전에는 수작업으로 체크를 한 후에 공개했습니다.

이때, Vision API의 유해 콘텐츠 감지 기능을 이용하여 검사를 자동화한 것입니다. 오모로키의 카마타 타케토시 대표는 다음과 같이 그 커다란 효과를 실감하고 있습니다.

"사진을 공개하기 전에, 수작업으로 부적절한 사진인지를 체크하는 절차를 없앤 뒤로는 서비스의 지연이 사라졌습니다.
또한, 체크하는 사람의 심적인 부담도 줄어들었습니다"

인공지능을 업무개선에 활용한다면, 누구나 즉시 사용할 수 있는 시대인 것입니다.

기초 입문

인공지능과 머신러닝, 딥러닝에는 어떤 차이점이 있는가?

인공지능과 머신러닝, 딥러닝에는 어떤 차이점이 있는가?

'인공지능이 바둑으로 프로 기사를 이겼다'
'머신러닝으로 이미지를 인식할 수 있게 되었다'
'딥러닝으로 공장의 PMQ(예지정비)가 가능해졌다'

이러한 문구를 보거나 들어본 경험이 있는 분들이 많을 것입니다. '인공지능은 Artificial Intelligence의 약자로, AI라고 부른다'라는 지식 또한 잘 알려져 있을 것입니다.

딥러닝은 최근 급속히 보급되고 있는 분야로, 심층 학습이라고 부른다는 사실을 아는 분들도 적지 않으리라 생각합니다. 이러한 인공지능에 관련된 단어들은 뉴스뿐만 아니라, 일상에서도 접하는 빈도가 높아지고 있습니다.

그런데 만약, '인공지능과 머신러닝, 딥러닝, 각각의 차이를 설명하십시오'라고 질문을 받으신다면 어떻게 답하시겠습니까?

왠지 모르게 머리가 좋아진 컴퓨터가 인간의 지시 없이 알아서 대답해 주는 것과 같은 이미지는 떠오르지만, 각각의 차이를 자세히 설명하기는 좀 어렵지 않으신가요?

인공지능과 관련된 트렌드는 학술적인 연구의 진전, 퀴즈 프로그램이나 장기·바둑 등 게임에 승리하는 등의 차원을 넘어 비즈니스의 현장에도 밀려 들어오고 있습니다.

지금까지 인공지능과 내 삶은 별로 관계없을 것이라고 생각했던 여러분의 비즈니스에도 가까운 미래에 인공지능과 관련이 있을 가능성이 충분히 있는 것입니다.

그 때, 인공지능이 뭐지? 머신러닝이라는게 뭐더라? 딥러닝이라면 뭐든지 해결할 수 있다고!? 정도로 이해한다면, 비즈니스의 기회를 살릴 수 없을 뿐만 아니라, 시대의 흐름으로로부터 뒤처질 위험성도 있는 것입니다.

딥러닝은 머신러닝의 일부

그러면, 각각의 단어에 대해서 조금 설명해 보겠습니다. 우선 인공지능에 대해서는 처음부터 조금 소극적인 소개를 하지 않을 수 없습니다. 왜냐하면, 인공지능 자체가 사실 한마디로 설명할 수 없는 개념이기도 하기 때문입니다.

어떤 존재를 인공지능이라고 부를 것이냐는 논의에 접어들게 되면, 학자와 전문가들 사이에서도 엄격하게 의견이 나뉘어 버립니다. 이런 논의에 지능과 관련된 내용을 취급하게 되면, 철학의 범주까지 범위가 확산할 가능성도 있습니다.

이 책에서는 크게 인공지능 = 지적인 정보 처리를 하는 것, 또는 그러한 기술로 정의하도록 하겠습니다.

컴퓨터 등이 특정 입력 정보에 대해 무언가 지적인 결과를 이끌어 준다고 생각해 본다면, 여러분들이 떠올리는 인공지능과 큰 차이는 없을 것입니다.

구글에서 Google 번역의 개발에 참여하였고, 머신러닝 연구원이기도 한 시니어 엔지니어링 관리자 카사와 히데토 씨는 이런 설명을 해 주었습니다.

> "덧셈, 이미지를 흑백으로 변환하는 등의 처리가 아니라, 이미지에 무엇이 보이는지를 맞추는 등의 처리를 하는 경우, 똑같은 컴퓨터라도 사람들은 지적인 정보 처리를 하고 있다고 느끼게 됩니다.
>
> 지적으로 보이는 특정한 처리를 하는 기계나 기술을 인공지능으로 합의하는 과정은 아직 갈 길이 먼 과제라고 생각합니다.
>
> 견해가 매우 다양한 개념이 인공지능인 것입니다."

이 책에서는 인공지능이란 무엇이냐와 같은 철학적인 접근은 하지 않겠습니다. 지적인 처리를 하는 인공지능이라는 큰 개념이 있다고 정의하고, 다음으로 넘어가도록 하겠습니다.

다음으로 머신러닝과 딥러닝에 대해서 설명하겠습니다.

먼저 큰 개념에서의 대답을 드리자면, 머신러닝과 딥러닝도 인공지능을 실현하기 위한 방법 중의 하나라는 사실입니다.

'왠지 인공지능도 머신러닝도 딥러닝도 모두 비슷한 개념이라는 것 같은데?'라고 직감하셨다면, 그 느낌이 맞습니다. 이 다음, 머신러닝과 딥러닝의 관계에 대한 답을 보여드리겠습니다.

구글의 카사와 씨는 이번에는 명확한 정의를 말해 주었습니다.

"딥러닝은 머신러닝의 한 분야입니다."

그렇습니다. 벤 다이어그램으로 표현하자면, 인공지능이라는 큰 틀 안에 머신러닝 부분이 있고, 그 안에 딥러닝이 포함된 것입니다(그림 1-1).

그래서, 딥러닝에 관련된 뉴스를 보셨다면 '머신러닝과 인공지능이 화제가 되고 있구나'하고 생각하시는 것이 옳습니다.

그러나, 머신러닝의 이야기를 하고 있을 때, 그것이 반드시 딥러닝 기술과 기법을 사용하고 있는지는 알 수 없습니다. 그러한 관계성을 먼저 이해해 둡시다.

∨ **그림 1-1.** 인공지능과 머신러닝, 딥러닝의 관계

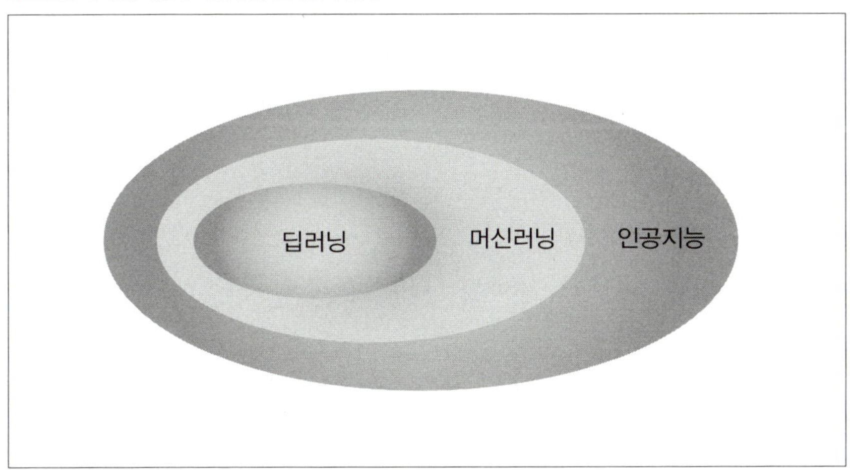

머신러닝은 인간이 프로그램을 만들지 않는다

우리들은 딥러닝이 머신러닝의 일부라는 사실을 확인했습니다.

그러면, 큰 틀인 머신러닝이란 무엇인지를 카사와 씨에게 물어보겠습니다.

"첫 번째로 일반적인 기계, 즉 컴퓨터를 생각해 보겠습니다.

일반적인 기계는 프로그램에 따라 작동합니다. 이 사실은 슈퍼컴퓨터도, 손에 가지고 있는 스마트폰도 똑같습니다.

그 프로그램은 인간이 작성한 것입니다. 'A라는 정보가 들어 왔을 때, B의 조건이 동시에 성립한다면 X라는 동작을 시킨다'는 프로그램을 인간이 미리 만들어 놓고, 컴퓨터 프로그램에 따라 응답을 유도합니다."

그렇다면, 머신러닝에는 어떠한 차이점이 있을까요?

"머신러닝에서는 인간이 프로그램을 만들지 않습니다.

어떻게 판단할지를 인간이 가르치지 않고, 기계가 스스로 배우기 때문에 '머신러닝'이라고 부르는 것입니다. 인간이 가르치지 않는다고 한들, 기계가 갑자기 정보를 보고 답을 하지는 않습니다.

기계에 'A라는 정보가 들어왔을 때, 그 대답은 X야' 같은 예를 가르쳐주는 것이 하나의 방법입니다. 입력에 대한 답이 되는 출력 세트 예제를 기계에 많이 가져다 주는 것입니다.

그렇게 되면, 기계는 인간이 프로그램을 만들지 않았음에도, 신기하게도 제 뜻대로 학습하여 모델을 만들어가는 것입니다. 이것이 머신러닝의 기본입니다."

기계가 답을 내는 방법을 인간이 프로그램으로 부여하는 것이 아니라, 기계가 방대한 데이터를 바탕으로 학습 모델을 만드는 것이 머신러닝(기계 학습)이라는 것입니다.

머신러닝으로는 인간이 프로그램을 작성할 때처럼, '어떤 조건일 때 어떠한 답이 도출된다'라는 사실은 알 수 없습니다. 기계 안에 입력값의 올바른 답을 이끄는 모델이 만들어질 뿐입니다.

조금은 이상한 기분이 듭니다. 그러나 인간의 아기가 사물을 기억할 때를 생각해 보면, 부모가 아이에게 논리적인 조건분기 프로그램을 주입하지는 않습니다. 특정 상황(입력)에 대한 말의 의미나 취해야 할 행동, 응답을 가르치지 않나요?

방대한 입력과 대답 세트를 통해 지식을 습득해 나간다는 점에서는 인간의 학습과 매우 가까운 이미지를 연상할 수 있을 것입니다(그림 1-2).

인공지능 중에는 인간이 프로그램을 작성해야 동작하는 종류의 인공지능도 많이 있습니다. 그러한 프로그램들이 필요한 유형의 인공지능과 머신러닝은 종류가 다르며, 머신러닝은 인공지능의 한 종류에 속한다고 기억해 둡시다.

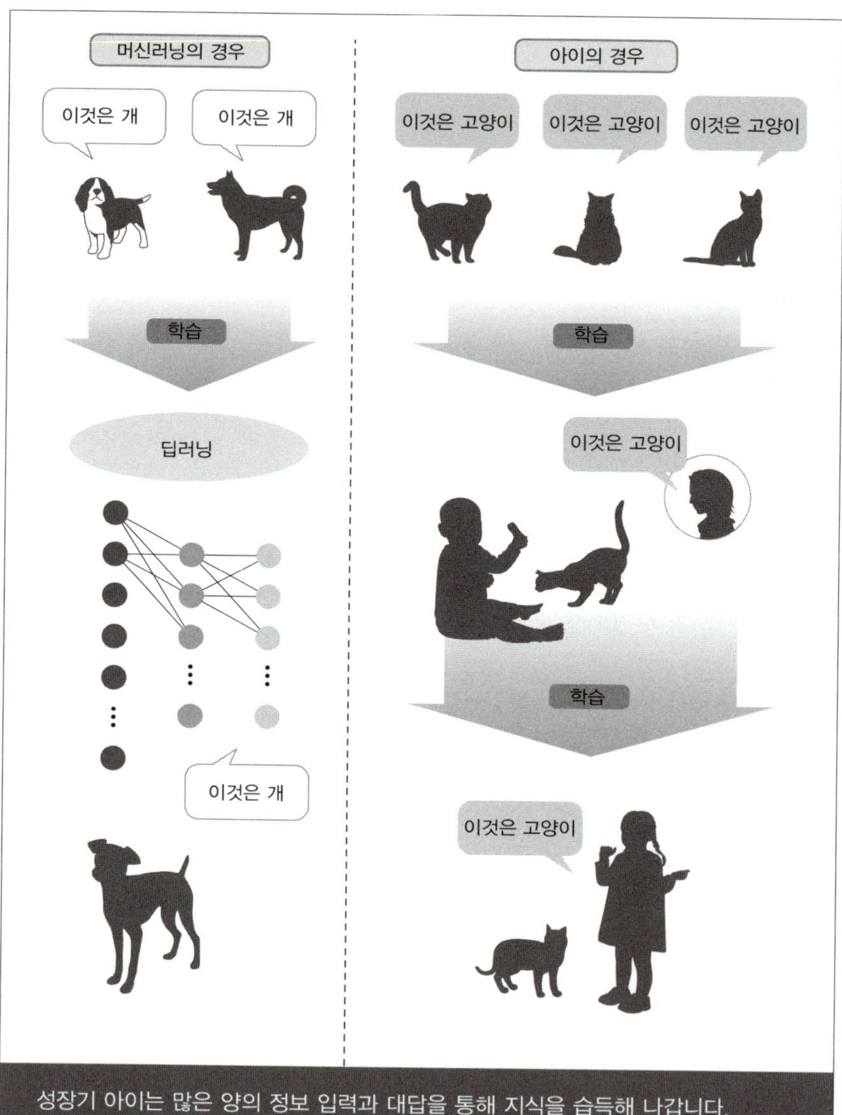

성장기 아이는 많은 양의 정보 입력과 대답을 통해 지식을 습득해 나갑니다.
고양이의 정의를 따로 배우지는 않습니다. 머신러닝도 마찬가지입니다.

딥러닝을 가능하게 한 컴퓨터의 발달

이제 머신러닝의 이미지가 떠올랐으니, 화제가 되고 있는 딥러닝으로 나아가 보겠습니다. 딥러닝은 심층 학습으로 번역됩니다.

머신러닝에서는 입력과 출력이 있고, 그 사이의 관계를 맞추는 모델을 만듭니다.

그러나, 적절한 모델을 만드는 일은 보통 수단으로는 할 수 없습니다.

사자와 씨는 이렇게 말합니다.

"인간이 이미지에 무엇이 보이는지를 판단하는 프로그램을 만들기는 매우 어렵습니다. 같은 일을 기계에게 학습시키는 것 또한 어렵습니다.

머신러닝에서는 입력에 대한 출력을 결정하는 처리를 수행합니다. 이 과정의 1단계에서 복잡한 판단을 하는 것은 어렵습니다.

예를 들어 이미지 데이터를 입력값으로 주었을 때, 그 이미지는 밝을 수도 있고 어두울 수도 있습니다. 오른쪽 절반이 밝을 수도 있고 왼쪽 절반이 밝을 수도 있습니다.

단순한 판단이라면 1단계로 처리할 수도 있을 것입니다. 그러나 1단계로는 간단한 처리가 한계입니다. 그래서 이러한 처리결과를 다시 처리하는 계층적인 처리를 시도합니다.

그렇게 여러 단계의 처리를 거치면, 이미지 데이터에 비친 모양을 판단할 수 있게 되기도 합니다. 처리를 보다 거듭해보면 얼굴임을 인식할 수 있게 되기도 합니다.

여러 개 계층의 처리를 거듭하여 복잡한 판단을 할 수 있도록 하는 기술이라고 하여 심층 학습, 즉 딥러닝이라고 부릅니다."

1단계 처리로는 간단한 결과만 끌어낼 수 있는 기계지만, 이 처리 계층이 깊어지고(deep), 복잡한 처리도 할 수 있다는 것이 딥러닝의 사고방식입니다.

딥러닝도 머신러닝의 일종이기 때문에, 인간이 프로그램을 제공하지는 않습니다. 입력과 출력 세트를 많이 가져다 주어야만, 자동으로 단계별 처리 관계를 조정해 나가서 입력값에 대한 답을 도출할 수 있게 되는 것입니다.

딥러닝에서는 계산 처리를 몇 단계나 거듭해야만 합니다.

그리고, 그 계산 단계 하나의 처리 관계를 자동으로 조정하기 위해서는 방대한 입출력 세트가 필요합니다. 어마어마한 계산량이 필요한 것입니다.

사자와 씨는 이렇게 설명합니다.

"머신러닝의 개념은 수십 년 전부터 있었고, 딥러닝도 아이디어 자체는 오래전부터 있었습니다. 그러나 10년 전에는 하고 싶어도 할 수 없었던 것이 현실입니다.
컴퓨터의 계산 능력이 충분하지 않았고, 방대한 데이터의 수집이 어려웠습니다.
그랬던 것이, 컴퓨터의 계산 능력이 큰 폭으로 늘어나게 되고 인터넷 등을 통해 대량의 데이터를 수집할 수 있게 됨에 따라, 지난 몇 년 사이에 실용적인 수준에 도달했습니다."

딥러닝은 어제오늘 갑자기 등장한 스타가 아니었습니다. 무명 시절을 보낸 후, 컴퓨터와 인터넷의 발달이라는 시대 배경을 업고 이제 겨우 결실을 본, 고생을 많이 한 노력가였습니다. 이제는, 그 딥러닝이 현재의 인공지능 활용의 주류가 되려고 하고 있습니다.

"지금의 트렌드로 보면 딥러닝의 발전과 활용이. 곧 인공지능의 발전과 활용을 대표하고 있다고 할 수 있을 것입니다."

사자와 씨의 말처럼, 지금의 인공지능 활용 환경에서는 딥러닝을 이해하는 것이 가장 중요합니다.

인공지능의 넓은 바다에 떠 있는 머신러닝의 섬. 그 섬에서 태어난 딥러닝이라는 생물이 인공지능의 별을 대표하는 생물로 급성장하고 있다는 이미지입니다.

머신러닝과 딥러닝을 지구에 태어난 사람과 마찬가지로 주목해야 할 필요성이 조금씩 보이시나요? 딥러닝에 관한 내용은 2장에서 다시 자세히 설명합니다.

'연구의 홍수'와 같은 인공지능의 확산

지금까지는 인공지능과 머신러닝, 그리고 현재 트렌드인 딥러닝의 기초 입문을 구글의 사자와 씨와 질문하고 답하는 형식으로 진행했습니다.

구글과 구글의 모회사인 알파벳(Alphabet)은 현대 최고 수준의 IT 기술을 보유한 기업으로 알려져 있습니다.

프로 기사에게 승리한 알파고(AlphaGo)가 알파벳 산하의 딥마인드(DeepMind)라는 회사가 만든 바둑 프로그램이라는 것을 알고 계시는 분들도 많을 것입니다.

하지만, 구글과 그 계열사들이 왜 인공지능을 다루고 있는지, 현재 어떤 노력을 하고 있는지에 대해서 여러분은 바로 설명할 수 있으신지요?

이번에는 구글과 인공지능의 깊은 관계에 관한 설명을 들어보겠습니다.

구글은 구글 클라우드 플랫폼(GCP)이라는 사업을 펼치고 있습니다.

이는 구글이 지금까지 개발해온 네트워크 인프라와 대규모 데이터 처리, 머신러닝을 포함한 핵심 기술을 외부에 제공하기 위한 프로젝트입니다.

그 GCP 솔루션의 책임자인 구글의 마일즈 워드(Miles Ward) 씨는 구글과 인공지능의 관계를 이렇게 설명합니다.

"CEO(최고 경영자)인 순다 피차이(Sundar Pichai)는 '머신러닝과 인공지능은 구글의 기술을 철저히 혁명하는 기술'이라고 정의하고 있습니다. 구글에 있어서 인공지능이란 혁명을 일으키는 원동력입니다."

이 발언에서 알 수 있듯이 구글은 인공지능을 많은 기술 중의 하나로 파악하는 것이 아니라, 매우 중요한 핵심 기술로 파악하고 있습니다. 구글의 미래를 내다보는 발판이 되리라 생각하고 있는 것입니다.

그렇게 생각하는 만큼, 구글에서 인공지능의 성장세는 매우 가파르다고 합니다.

워드 씨는 '리서치(연구)의 홍수'라는 표현으로 인공지능의 확산을 말합니다. 인공지능 기술이 구글의 서비스와 플랫폼 위에서 다양한 새로운 기능을 수행할 수 있다는 것입니다.

"컴퓨터는 집중력이 높고, 포커스가 명확하지만, 한편으로는 머리 나쁜 아이와 같은 면이 있습니다. 수많은 사례들을 가르쳐 주면, 아이가 사물을 배우듯이 학습해 나가며 사물을 판단할 수 있게 되는 것입니다.
구글은 지금까지 매우 많은 데이터를 축적해 왔습니다. 이를 활용하여 머신러닝을 진행함으로써 실제 서비스에 활용할 수 있는 머신러닝이 실현 가능하다는 사실을 최근 몇 년 동안 입증해 왔다고 할 수 있을 것입니다."

다양한 데이터를 대량으로 보유한 구글에 머신러닝과 딥러닝을 포함한 인공지능은 밀접하게 관련된 기술이라고 할 수 있습니다.

인공지능이 구글에는 혁명을 일으키는 핵심 기술이라는 사실을 잘 알 수 있습니다.

'모바일 퍼스트'에서 'AI 퍼스트'로

구글은 1998년, 미국 스탠퍼드 대학의 박사 과정에 재학 중이던 래리 페이지(Lawrence E. Page)와 세르게이 브린(Sergey Brin)이 설립하였습니다.

이 2명의 공동 창업자는 매년 주주를 위한 편지를 보내고 있었는데, 2016년 4월에는 새로 취임한 순다 피차이 CEO가 블로그를 통해 메시지를 공개했습니다.

이 편지에서 인공지능과 구글의 관계에 대한 큰 비전이 표명되었습니다.

Looking to the future, the next big step will be for the very concept of the "device" to fade away.

Over time, the computer itself– whatever its form factor– will be an intelligent assistant helping you through your day.

We will move from mobile first to an AI first world.

(This year 's Founders 'Letter'에서 발췌)

스마트폰이 보급된 최근에는 모바일을 최우선 가치로 생각하는 모바일 퍼스트의 중요성이 많이 화자되었습니다. 구글을 포함한 많은 기업이 모바일을 우선하여 서비스와 비즈니스를 전개해야 한다고 인식하고 있으며, 실천에 옮기고 있습니다.

그러나 피차이 CEO는 향후 모바일 퍼스트에서 AI 퍼스트에 주력할 것임을 선언하고 있습니다. 워드 씨는 구글의 AI 퍼스트에 대해 다음과 같이 설명합니다.

> "구글은 매우 거대한 기업입니다. 구글이 제공하는 애플리케이션의 모습 또한 매우 다양합니다. 이러한 서비스 중에서 머신러닝으로 가능해지는 가치들을 다양한 형태로 구체화해 나갈 것을 먼저 생각하자는 것입니다."

실제로 구글은 이미 자사가 제공하는 많은 서비스에 인공지능을 도입했다고 합니다.

예를 들어, 구글의 가장 기본적인 서비스인 검색에는 검색의 관련성을 판단하는 세 번째 요소로, 머신러닝에 기반을 두는 랭크브레인(RankBrain)을 이용하고 있다고 합니다.

랭크브레인은 검색 결과를 표시하기 위해 사용하는 수백 개의 지표 중 하나이지만, 우리들이 일상적으로 활용하고 있는 구글의 검색 결과에도 머신러닝이 적용되어 있습니다. 그렇게 생각해 보면, 먼 미래의 이야기 같았던 인공지능과 머신러닝이 매우 친밀하게 느껴집니다.

이처럼 인공지능으로 더 나은 서비스를 제공할 수 있도록, 구글에서는 철저히 AI 퍼스트의 사고방식을 견지하고 있는 것입니다.

각 서비스에서의 인공지능 이용은 3장에서 다시 설명하겠습니다.

구글은 수십억 명의 사람들에게 다양한 서비스를 제공하는 회사이며, 운영하는 데이터 센터에는 큰 서버 운영과 냉각 등에 유지비가 소요됩니다. 사실은 그곳에 머신러닝의 성과가 활용되고 있습니다.

바로 절전입니다(그림 1-3). 워드 씨는 이렇게 설명합니다.

"구글은 딥마인드와 협력하여 구글 데이터 센터의 냉각에 사용되는 전력 소비량을 딥러닝의 머신러닝 모델을 활용하여 줄이는 실험을 했습니다.
그 결과, 40%의 에너지 절감을 달성했습니다. 일반적으로 1%에서 2% 정도의 에너지 절감도 큰 효과가 있다고 알려져 있습니다.
이는 매우 큰 성과입니다. 비용 절감이라는 의미는 물론, 전력 소비를 억제함으로써 친환경 기업임을 어필할 수 있는 것입니다."

이처럼 구글과 그 자회사는 알파고 같은 인공지능을 첨단 기술로써 특별 취급하고 있지 않습니다.

그림 1-3. 구글의 데이터 센터는 AI로 큰 폭의 에너지 절약을 실현한다.

AI 퍼스트라는 구호 아래, 지금 바로 효과를 얻을 수 있는 활용법을 탐구하여 구현하고 있습니다. 인공지능의 활용 성과는 구글이라는 일개 회사에만 이익을 가져오지는 않을 것입니다.

이미 구글은 라이브러리를 오픈소스화 하는 등 GCP를 통해 AI 퍼스트의 성과를 외부에 제공하는 프로젝트를 진행하고 있습니다.

API 형식으로 누구나 저렴하게 이미지 인식과 음성 인식, 번역 등의 인공지능을 사용할 수 있게 했습니다. 또한, 이미 성과가 나온 데이터 센터의 에너지 절약과 비용 절감은 지구 온난화와 화석연료 고갈 등의 환경 대책에 직결되는 것입니다.

구글이 첨단 사업에서 얻은 성과가 돌고 돌아 지구상의 사람들에게 조금씩이라도 긍정적인 영향을 줄 수 있다면, 구글의 AI 퍼스트는 매우 큰 효과를 가져올 수 있습니다.

Chapter 2

입문

딥러닝의 메커니즘

딥러닝의 메커니즘

1장에서 인공지능의 기초 입문을 접하고, 머신러닝과 딥러닝의 이미지가 조금은 떠오르셨으리라 생각합니다.

지식이 필요한 작업을 하는 컴퓨터를 일컬어 일반적으로 인공지능이라고 부르고, 인공지능이라는 분야 안에는 컴퓨터가 스스로 학습하여 세상의 일들을 배워 나가는 머신러닝이 있으며, 그 머신러닝 방법의 하나가 처리 단계를 거듭해나가는 딥러닝이라는 것이었습니다.

여기까지 알았으니 이제부터 딥러닝의 본질에 다가갈 수 있느냐 하면, 아직도 알아야 할 것이 많이 남았습니다.

2장에서 이제 입문에 들어섰습니다. 이제 딥러닝의 메커니즘을 구글 전문가들의 조언에 따라 이해해 나가는 여정을 떠나 보겠습니다.

머신러닝 이외의 인공지능이란

1장의 벤 다이어그램으로 표현된 인공지능과 머신러닝, 딥러닝의 관계도를 기억하시나요?

이제부터 머신러닝과 딥러닝의 이야기가 펼쳐집니다만, 그 전에 잠시 '머신러닝이 아닌 인공지능'에 관해 1장에 등장한 수석 엔지니어링 관리자 사자와 히데토 씨께 설명을 들어보겠습니다. 머신러닝 이외의 인공지능이 무엇을 하고 있는지를 파악하면, 머신러닝의 이미지가 더욱 쉽게 다가오기 때문입니다.

> "사실, 머신러닝 이외의 인공지능은 이미 여러 곳에서 이용되고 있습니다. 그 대표적인 방식이 세상의 사건들을 논리식으로 작성하는 인공지능입니다.
>
> '비가 오면 땅이 젖는다'라는 관계를 논리적으로 추론하여 모든 현상을 설명하려는 것이죠. 즉, 'A이면 B이다'라는 관계를 거듭하여 그 추론의 결과로 목표를 발견합니다.
>
> 수학의 증명 등에 컴퓨터의 도움이 필요한데, 이때 'A이면 B이다'를 거듭한 인공지능의 추론이 유효하게 사용됩니다."

이 경우는 'A이면 B이다'라는 관계를 사람이 컴퓨터에 가르치기 때문에, 머신러닝이 아닙니다.

이 밖에 목표를 미리 정해놓고, 목표를 달성하려면 '그 전에 무엇을 해야 하는가?'라는 여러 개의 중간 목표를 제공해 나가는 플래닝 기법도 있습니다. 로봇 등에게 특정한 움직임을 시키기 위해, 무엇을 해야 좋을지를 인공지능이 판단해야 할 경우에 응용하여 사용하는 경우가 있습니다.

또한, 특정 분야에 한정해 인공지능의 힘을 빌리는 엑스퍼트 시스템도 있습니다.

인공지능은 모든 지적인 것을 해석하려고 고안된 것이지만, 그것은 사실로부터 추론해도, 계획에 따라 목표까지 거슬러 올라가더라도 좀처럼 실현이 어렵습니다.

그래서 제한된 분야에서라도 인공지능의 힘을 최대한 발휘하려고 고안된 것이 엑스퍼트 시스템입니다.

이제 보이기 시작하셨나요? 머신러닝 이외의 이러한 인공지능들은 컴퓨터가 사고하기 위한 조건식을 사람이 반드시 가르쳐야만 합니다.

예를 들어, 얼굴 사진에서 사람의 눈을 판단하려면 눈의 정의를 논리적인 조건식으로 가르치는 등의 작업이 필요했던 것입니다. 그 작업을 눈과 코, 머리, 입, 귀로 반복해 나가야만 비로소 얼굴 사진 데이터에서 사람의 얼굴을 찾아낼 수 있는 힘든 작업입니다.

그리고 사람의 얼굴과 원숭이의 얼굴을 구분하려면, 이를 위한 조건식이 많이 필요하게 되므로 얼마나 많은 작업이 필요할지는 두말할 나위가 없습니다.

이를 규칙을 결정한다는 점에서 '규칙 기반의 인공지능'이라고 부릅니다.

자, 그러면 머신러닝은 어떨까요?

머신러닝에서는 규칙에 기반을 둔 인공지능처럼 사람이 조건을 가르쳐주지 않아도 됩니다.

기계가 자동으로 학습을 하므로 머신러닝인 것입니다.

머신러닝의 기본

우리는 머신러닝이 아닌 인공지능의 존재를 알게 되었습니다.

머신러닝의 이미지가 더욱 선명해지셨나요? 이제 머신러닝의 기본을 배워보도록 하겠습니다.

규칙 기반의 인공지능은, 특정 입력 데이터로 출력 데이터를 구하기 위해 조건식 등을 사람이 제공해야만 했습니다. 반면, 머신러닝에서는 조건식을 줄 필요가 없으며 기계가 자동으로 학습합니다.

그렇다고 해도, 머신러닝을 하는 컴퓨터를 집안에 그저 내버려 둔다면 아무것도 바뀌지 않습니다. 학습을 위한 자료와 사고방식을 주어야만 합니다.

기본적인 머신러닝에서는 화상이나 음성, 텍스트 등의 데이터들을 입력 데이터로 제공합니다. 그러면, 컴퓨터가 응답에 상응하는 출력 데이터를 입력 데이터에 대응하는 형태로 제공합니다.

▽ **그림 2-1.** 머신러닝은 블랙박스와 닮았다?

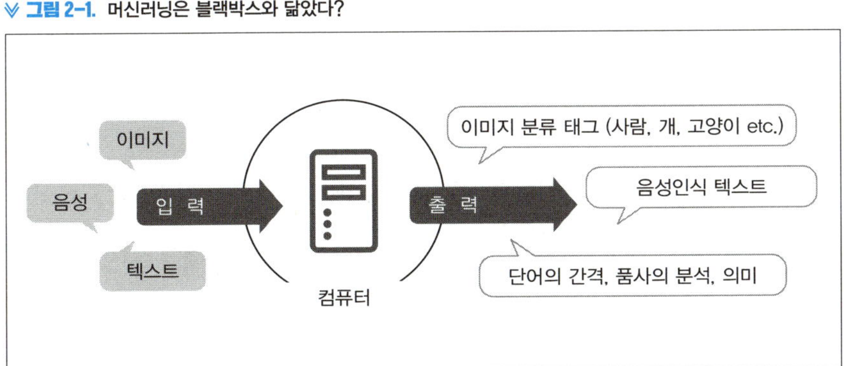

이 입력 데이터와 출력 데이터 세트를 대량으로 준비하고, 컴퓨터에 학습을 시키기에 머신러닝이라고 부르는 것입니다.

머신러닝에는 사람이 프로그램을 만드는 등의 의도가 개입하지 않습니다. 대량의 입력 데이터와 출력 데이터 세트를 컴퓨터에 읽게 하면, 자동으로 **그림 2-1** 속 중앙에 있는 컴퓨터 좌우에 있는 데이터들 사이의 관계를 만드는 것입니다.

그림 속 컴퓨터 내부에 완성된 것을 '모델'이라고 부릅니다. 모델은 입력 데이터에서 출력 데이터를 구하기 위한 계산 과정을 표현한 것입니다.

계산 방법에는 여러 가지가 있지만, 머신러닝이란 입력 데이터와 출력 데이터 세트로부터 모델을 만들어 내는 것을 뜻합니다.

사자와 씨는 이렇게 설명합니다.

"머신러닝에서는 모델 만드는 것 자체가 모두 자동입니다. 이미지 데이터를 입력하면 이미지 인식이 되고, 음성 데이터라면 음성 인식이 됩니다.
디지털 세계에서는 어떤 것도 '0과 1'의 신호가 되어버리기 때문에, 데이터가 무엇이든 기계의 입장에서는 신호에 불과합니다. 대량으로 주어진 신호를 기계가 계산하여 입력 데이터와 출력 데이터 사이의 관계를 연결하는 모델이 완성되는 것입니다."

어린 시절 교육을 받을 때, 교재에는 블랙박스라는 것이 등장했습니다. 블랙박스는 무언가를 넣으면, 그것이 바뀌어 나오는 상자입니다.

입력 데이터와 출력 데이터 사이에 어떠한 관계가 있다는 사실에 착안하여, 그 과정을 유추하는 수수께끼를 풀었던 기억이 나는 분들도 있을 것입니다.

머신러닝도 입력 데이터와 출력 데이터의 관계로부터 모델을 만든다는 의미에서는 어린 시절에 보았던 블랙박스와 닮았습니다.

단지 큰 차이점이라면, 입력 데이터와 출력 데이터 세트가 대량으로 준비되어 있다는 점과 블랙박스가 어떻게 변환할지를 기계 스스로 판단한다는 점입니다. 이렇게 비유하면 머신러닝도 상당히 친밀하게 받아들일 수 있지 않을까요?

머신러닝에도 여러 가지 방법이 있다

머신러닝의 기본이 이해되셨다면, 다음 순서로 머신러닝 메커니즘의 종류를 분류해 보겠습니다.

머신러닝에서는 주어진 입력 데이터와 출력 데이터 세트 사이에 어떤 계산이나 처리를 해야, 적절한 관계를 설명할 수 있는 모델이 만들어지는지를 기계가 자동으로 계산합니다.

이 모델을 다양한 방법으로 만듭니다. 모델을 선택하는 쪽은 머신러닝을 만드는 사람입니다.

또한, 계산방법도 지정해 주어야 합니다. 아무것도 설정되지 않은 새 컴퓨터에 단지 입력 데이터와 출력 데이터를 던져준다 한들, 머신러닝이 시작되지는 않습니다. 어떤 모델로 머신러닝을 할지를 사람이 설정해야만 하는 것입니다.

머신러닝에서는 다양한 종류의 모델을 다룹니다. 결정 트리, 귀납 추론, 뉴럴 네트워크, 딥러닝 등이 대표적입니다.

여기서 드디어 딥러닝이 등장했습니다. 머신러닝 방법 중의 하나가 딥러닝인 것입니다.

결정 트리라는 것은 특정 입력 데이터에 대해 Yes와 No를 선택해 나가는 방법으로 출력 데이터를 유도하는 방법입니다.

성격 유형 테스트 등을 통해, 원하는 답을 선택해 나가면 성격이나 운세가 나타나는 분기 차트를 보신 적이 있을 것입니다. 그 차트의 이미지에 가깝습니다. 예를 들어 의료 분야에서, '발진이 있습니까?'(Yes/No) '열이 있습니까?'(Yes/No)와 같은 분기를 반복하여 증상으로부터 병명을 알아내는 인공지능을 떠올려 보십시오.

사자와 씨는 다음과 같이 설명합니다.

"결정 트리는 사람이 수작업으로 만들 수 있지만, 이 경우는 머신러닝이 아닙니다. 하지만, 기계가 결정 트리를 자동으로 만들어 내는 방법도 있습니다. 이 방법을 사용한다면, 머신러닝이라고 할 수 있을 것입니다.

완성된 모델은 결정 트리이며, 각각의 분기로부터 Yes/No의 관계를 파악할 수 있습니다."

귀납 추론은 결정 트리와는 조금 다른 개념입니다. 조건 분기로 설명하는 것이 아니라, 'A이면 B이다' 'B이면 C이다'라는 논리식으로 설명합니다.

모델은 논리식의 집합이 되는 것입니다. 이것도 기계가 자동으로 모델을 만드는 기술이 있고, 머신러닝의 한 방법으로 사용되고 있습니다.

뉴럴 네트워크는 뇌의 신경구조

뉴럴 네트워크(Neural Network)는 들어 본 기억이 있는 분이 많을 것입니다. 뇌의 신경구조를 논리적으로 모방하여 지적인 처리를 컴퓨터에 시키자는 것입니다.

뇌의 신경세포인 시냅스(Synapse)는 가까운 시냅스에서의 신호 입력이 일정 수치를 넘으면 다음 시냅스의 방향으로 신호를 신경을 통해 보냅니다. 컴퓨터에 시냅스와 같은 신경 전달 메커니즘을 만들어 계산 처리를 시키는 방법이 뉴럴 네트워크인 것입니다. 인공적으로 만든 신경세포를 가리켜 뉴럴 네트워크에서는 노드(Node)라고 부릅니다(그림 2-2).

뉴럴 네트워크에서는 뇌의 시냅스 사이의 연계를 흉내내어, 노드를 여러 단계의 노드들과 연계시킵니다. 이전 단계에서 신호를 입력받아서, 입력된 신호의 합계가 정해진 값을 넘으면, 노드가 신호를 출력하는 것입니다.

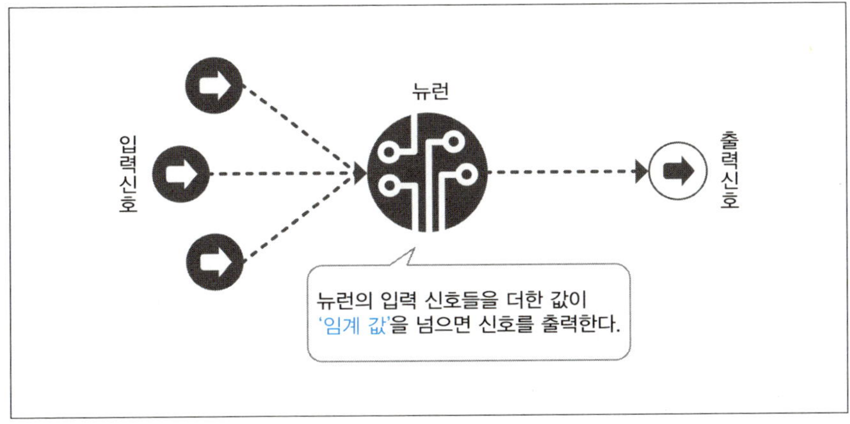

어떻게 노드들을 연결할지, 신호를 출력하기 위한 임계 값을 어떻게 설정할지 등을 고려하여 전체 입력에 대한 출력을 구하는 것입니다.

전형적인 뉴럴 네트워크의 모델은 **그림 2-3**과 같이 입력 계층, 중간 계층, 출력 계층으로 구성됩니다. 입력 계층에 이미지와 문자 같은 디지털 신호를 입력하고, 노드들이 각각의 연결 가중치에 따라 중간 계층과 출력 계층에 신호를 전달하면, 출력 계층이 답을 출력하는 메커니즘입니다.

학습할 때에는 미리 준비한 입출력 데이터 세트에 따라, 노드 사이의 연결 가중치와 신호를 출력할 때의 임계 값을 조정해 나갑니다.

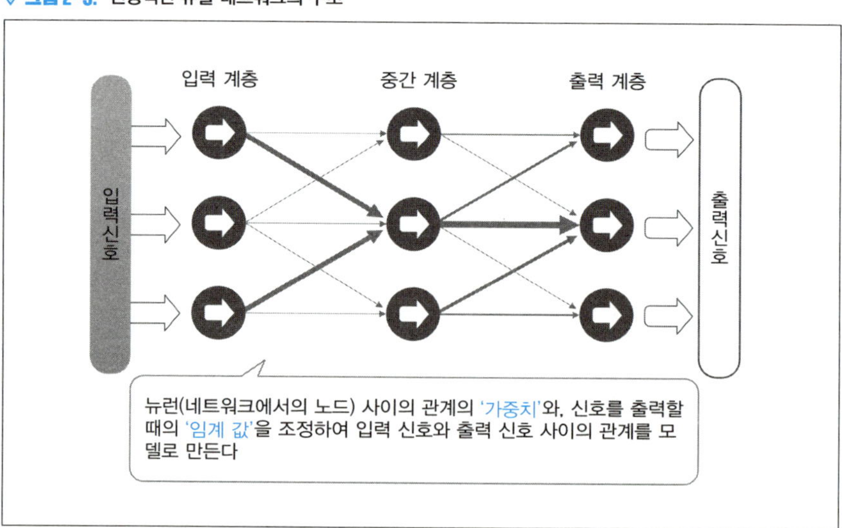

정답에 보다 가까워지는 값을 자동으로 계산하는 방식으로 머신러닝을 실현하는 것입니다.

머신러닝이 끝난 후 입력 데이터를 입력 계층에 넣으면, 출력 계층에서 답이 나옵니다. 입력된 음성에서 텍스트를 추출하는 음성 인식, 입력된 이미지 데이터에 나타나는 것의 이름을 출력하는 이미지 인식이 데이터를 입력하는 것만으로 가능하게 된다는 것입니다.

이러한 메커니즘으로 동작하는 뉴럴 네트워크는 바로 실용화되지는 못했습니다. 사자와 씨는 이러한 말을 했습니다.

> "뉴럴 네트워크도 오래 전부터 연구된 분야입니다. 하지만 대규모 데이터를 사용하여 모델을 학습시키는 것이 어려운 데다. 실제로 적용할 수 있는 분야가 매우 한정되어 있었습니다. 불과 2000년대만 해도 신경망 연구를 하고 있다고 말하면, "이제 와서 그걸 하십니까?"라는 대답이 돌아올 정도였으니까요.
> 그러나, 데이터의 양과 계산기의 연산 능력의 폭발적인 증가에 힘입어 뉴럴 네트워크의 한 형태인 딥러닝이 가능성을 제시했습니다."

딥러닝은 심층 학습이라고 부르기도 합니다. 층이 깊은 학습을 하는 것입니다. 이것을 뉴럴 네트워크의 구조와 함께 생각해 봅시다.

전형적인 뉴럴 네트워크는 입력 계층과 중간 계층, 출력 계층의 3층 구조로 되어 있었습니다. 이 구조로는 복잡한 정보의 처리가 어렵다는 것은 아마추어가 보아도 알 수 있습니다.

그래서, 중간 계층을 복층으로 만드는 안이 나왔습니다. 그것이 딥러닝입니다. 다른 말로 심층 학습이라고도 합니다.

수십층 또는 100층을 넘을 정도의 여러 개의 층으로 구성된 노드에, 많은 양의 데이터를 사용하여 머신러닝을 함으로써, 뉴럴 네트워크가 실제로 사용이 가능한 답을 끌어내게 된 것입니다(그림 2-4).

사자와 씨가 설명을 시작했습니다.

"2005년부터 딥러닝의 가능성이 높아지기 시작했습니다. 딥러닝은 많은 양의 데이터를 사용하여 학습해야만 합니다.

옛날에는 이미지나 텍스트 디지털 데이터를 대량으로 수집하는 것 자체가 대단한 수고가 필요한 일이었습니다. 그러나 지금은 인터넷이 보급되어 태그가 붙여진 사진 데이터를 인터넷에서 손쉽게 구할 수 있습니다.

대량의 데이터는 인터넷에서 갈무리하면 되므로, 데이터 수집이 이전보다 훨씬 쉬워졌습니다. 계산기의 계산 능력도 비약적으로 향상되었습니다. 이러한 조건들이 어우러져 뉴럴 네트워크의 한 형태인 딥러닝이 실용 단계에 접어든 것입니다."

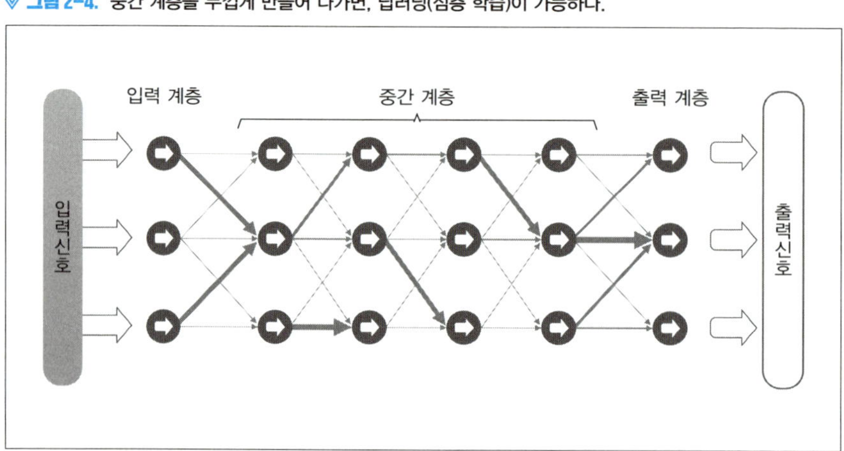

그림 2-4. 중간 계층을 두껍게 만들어 나가면, 딥러닝(심층 학습)이 가능하다.

딥러닝은 실용성이 의문시되던 뉴럴 네트워크를 단숨에 주역으로 끌어 올렸습니다. 사자와 씨는 말합니다.

"딥러닝이 규칙에 기반을 둔 인공지능 및 기타 머신러닝과 다른 점은, 매우 단순하다는 것입니다. 딥러닝의 구성을 결정할 필요가 있지만, 나머지는 대량의 데이터에 머신러닝을 시키는 것만으로 답을 끌어내는 모델을 만들어주기 때문입니다."

딥러닝이 주목을 받는 이유는, 복잡한 처리를 하는 인공지능을 비교적 쉽고 간단한 방법으로 구축할 수 있기 때문입니다.

분류하는 방법을 컴퓨터가 스스로 배워나간다

이제 머신러닝과 딥러닝을 조금씩 알게 되었습니다. 컴퓨터가 사람이 작성한 프로그램 등을 사용하지 않고, 스스로 판단하는 기준이 되는 '모델'을 만들어가는 것이 머신러닝이었습니다.

그리고 머신러닝의 방법의 하나인 뉴럴 네트워크를, 여러 층에서 거듭 처리하는 방법이 딥러닝이었습니다.

하지만, 여전히 말로만 이해하고 있는 독자들도 많을 것입니다.

실제로 딥러닝이 무엇인지에 대해, 더욱 구체적인 예를 통해 살펴보겠습니다.

이제부터는 구글에서 구글 클라우드 플랫폼(GCP)의 책임자를 맡고 계신 사토 카즈노리 씨가 설명을 담당합니다. 사토 씨는 먼저 뉴럴 네트워크의 기본에서부터 시작합니다.

"아주 간단한 예부터 생각해 봅시다.

사람의 키와 몸무게 데이터가 있다고 가정합니다.

키를 x1으로, 몸무게를 $x2$라고 한 데이터를 만든 후, x1과 $x2$의 관계를 분산 차트로 그리면 **그림 2-5**와 같은 모습이 됩니다.

이 데이터 안에는 키와 몸무게 데이터, 어른 또는 어린이를 나타내는 데이터가 저장되어 있다고 생각해 봅시다.

○ 플롯은 어린이 데이터, △ 플롯이 어른의 데이터를 나타냅니다. 그러면, 그래프 위에 있는 관계성이 보이기 시작합니다."

∨ **그림 2-5.** 키 (x1)과 몸무게 (x2) 데이터의 분산 차트

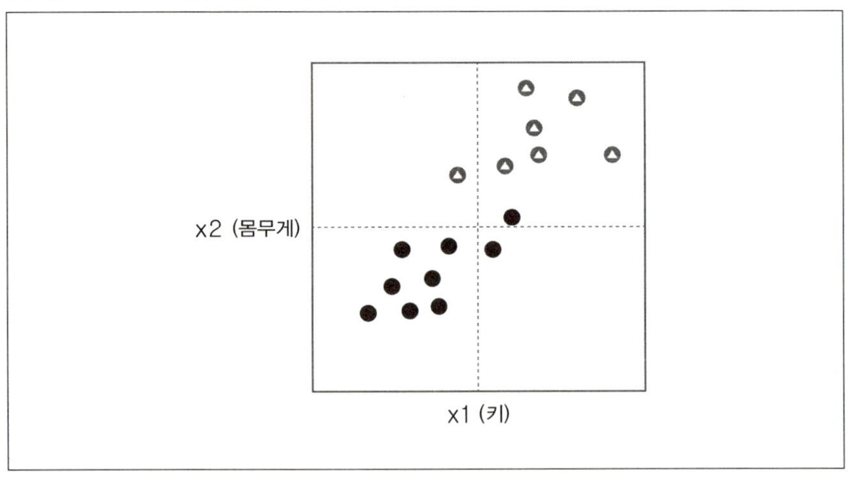

사토 씨는 말을 이어갔습니다.

"일반적인 프로그래밍 언어에서는 그래프 안의 경계선을 사람이 설정해서 관계성을 판단합니다. 경계선은 결국 사람이 지정해야 하므로, 사람이 컴퓨터에 가르쳐 줄 필요가 있습니다."

그림 2-6 과 같이 사람이 지정한 경계선을 따라 그래프가 2개의 영역으로 나누어졌습니다. 컴퓨터는 그 프로그램에 따라 새로운 데이터가 입력되었을 때 '어른', '어린이'라는 답을 낼 수 있는 것입니다.

▽ 그림 2-6. 사람이 어른과 어린이의 경계선을 지정한다.

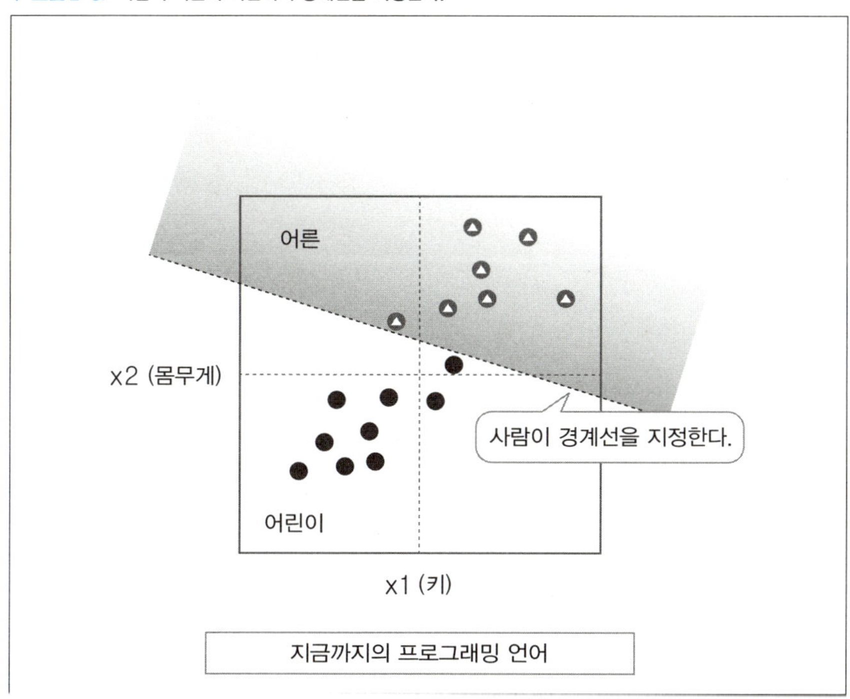

"그렇다면, 뉴럴 네트워크는 어떨까요? 뉴런에게 표본 데이터를 넣어 봅니다.

처음에는 난수로 초기화하므로 완전히 잘못된 방향으로 경계선을 설정해 버립니다.

그러나 뉴럴 네트워크에 투입되는 표본 데이터가 점점 늘어나게 되면, 응답 실수가 적은 분류 방법을 컴퓨터가 스스로 배워갑니다.

이것이 뉴럴 네트워크가 학습하는 과정을 이미지로 표현한 것입니다."

이곳에서 목격한 것은 그래프에서 직선으로 영역을 나누는 아주 간단한 예였습니다(그림 2-7, 그림 2-8, 그림 2-9). 입력 계층과 1개의 뉴런이 있는 가장 간단한 뉴럴 네트워크로 학습할 수 있습니다.

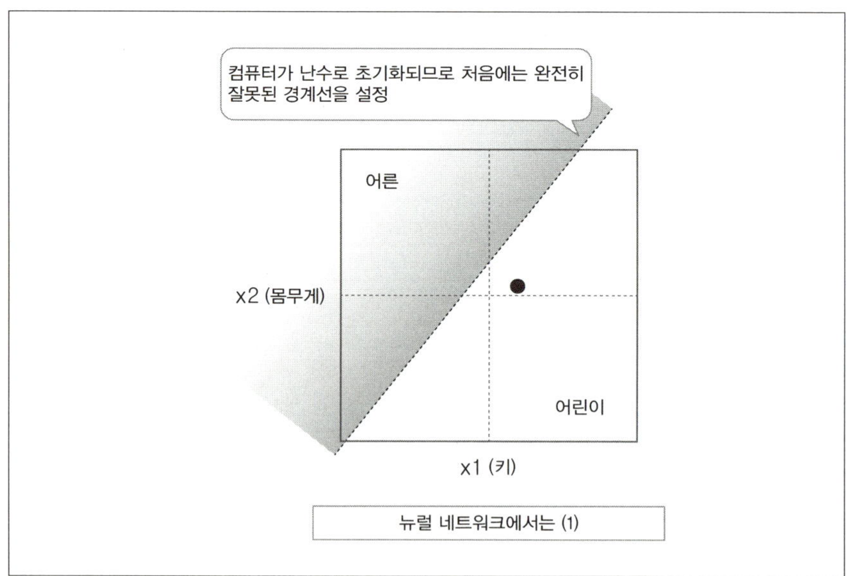

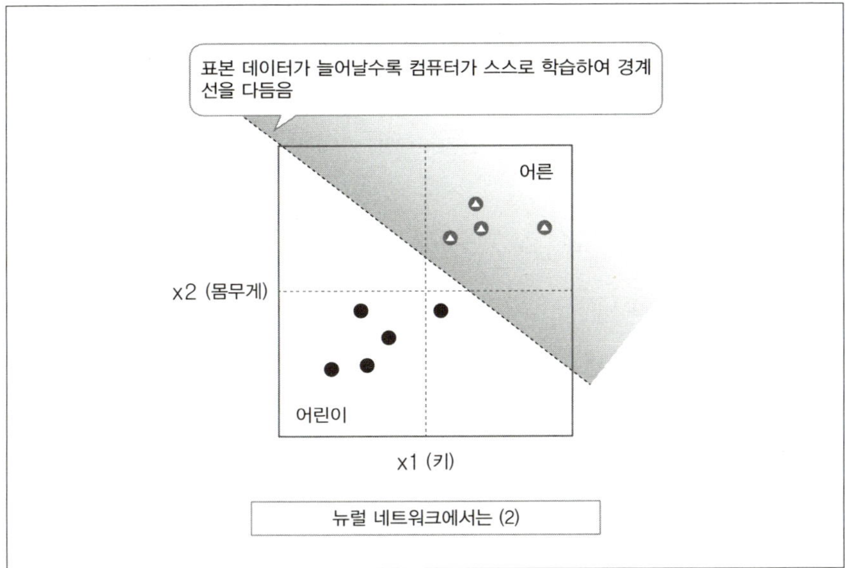
표본 데이터가 늘어날수록 컴퓨터가 스스로 학습하여 경계
선을 다듬음
어른
x2 (몸무게)
어린이
x1 (키)
뉴럴 네트워크에서는 (2)

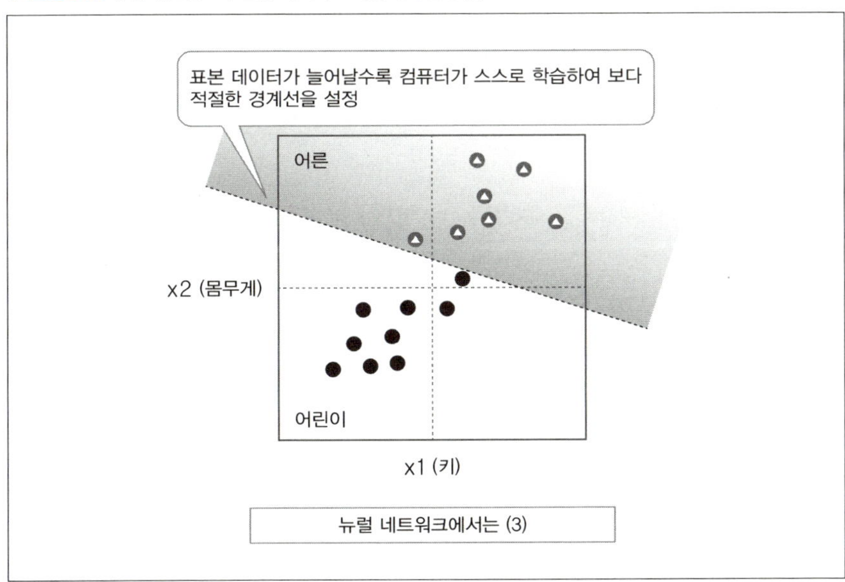
표본 데이터가 늘어날수록 컴퓨터가 스스로 학습하여 보다
적절한 경계선을 설정
어른
x2 (몸무게)
어린이
x1 (키)
뉴럴 네트워크에서는 (3)

　그러나 이처럼 직선으로 분류할 수 있는 데이터는 일부에 불과하며, 실제 데이터에는 더욱 복잡한 분류와 판단이 요구됩니다.

"데이터가 복잡해지면 1개의 뉴런으로는 처리가 늦어지게 됩니다. 뉴런의 개수와 처리 계층을 늘려나가면, 컴퓨터가 스스로 식별할 수 있는 대상이 늘어나게 되는 것입니다.

주어진 이미지에서 개와 고양이와 인간을 구별하고, 어른과 어린이를 분류하게 되려면 여러 층의 뉴럴 네트워크를 결합해야만 합니다.

이렇게 고도의 뉴럴 네트워크가 만들어져 가는 것입니다."

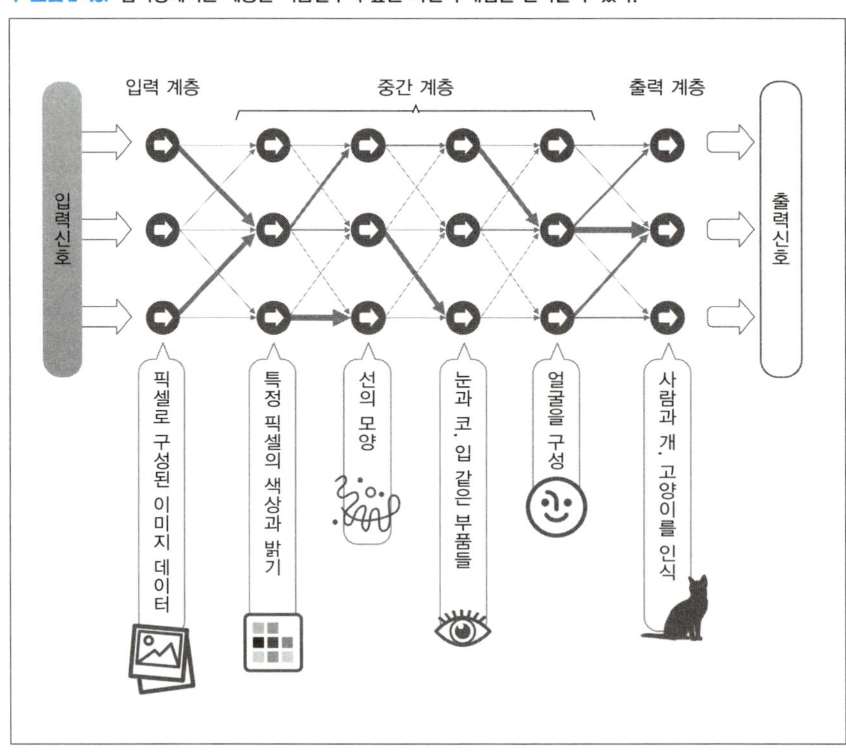

딥러닝으로 이미지를 인식할 때의 모습을 **그림 2-10**에서 풀어 보았습니다.

입력 계층에는 이미지 데이터의 픽셀 단위 데이터가 입력 데이터로 주어집니다. 딥러닝으로 학습한 뉴럴 네트워크에서, 입력 계층과 가까운 계층은 특정 픽셀의 밝고 어두움만을 인식할 수 있습니다.

그러나 다음 계층으로 넘어가면, 선이 어떻게 이어져 있는지를 판별할 수 있습니다. 그리고 다음 계층에서는 선과 명암을 조합하여 눈과 코, 입 등 얼굴의 부품들을 인식할 수 있게 됩니다.

그 결과, 얼굴 부품의 조합을 건네받은 마지막 계층은 얼굴 전체의 구성을 인식할 수 있습니다. 인간의 얼굴인지, 강아지인지, 고양이인지를 판단할 수 있게 되는 것입니다.

인터넷의 '놀이터'를 통해 이해하는 뉴럴 네트워크

구글은 뉴럴 네트워크가 학습하는 모습을 마치 손에 잡힐 듯이 느낄 수 있는 웹 사이트를 제공하고 있습니다.

Playground(http://playground.tensorflow.org/)라는 사이트에서 실제로 뉴럴 네트워크를 사용해 볼 수 있는 것입니다.

이전 절의 '어른과 어린이를 구분'하는 예에서 볼 수 있듯, 단순히 직선으로 분류할 수 있는 데이터가 모인 경우라면 적은 수의 뉴런으로도 바로 올바른 임계 값을 학습해 나갑니다**(그림 2-11)**.

반면에, 직선으로 분류할 수 없는 복잡한 데이터가 모인 경우에는 뉴런 계층을 늘리지 않으면 분류할 수 없습니다. 뉴런 계층의 개수를 조금 늘려야 분류가 가능해집니다.

더욱 복잡한 분류를 해야 할 경우에는 뉴런 계층의 개수를 상당히 늘리고, 계층별 뉴런의 개수도 늘려야만 판단할 수 있습니다.

사람이라면 한눈에 패턴을 인식해 버리는데 반해, 뉴럴 네트워크는 오류가 적은 분류를 열심히 생각해 가며 학습하고 있다는 사실을 알 수 있습니다(그림 2-12).

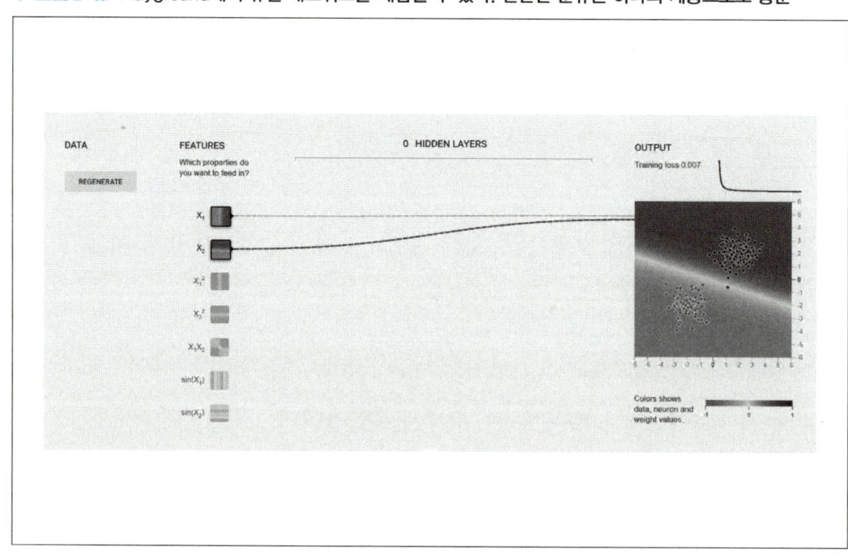

사토 씨는 재미있는 비유를 들어 설명했습니다. 그것은 회사 조직 안에서의 인간 군상을 딥러닝에 비유한 것이었습니다.

"사무실에 신입 사원과 중견 사원, 부장이 있습니다.

신입 사원은 거래처인 A사에 전화한 후, 다음 공장에 전화하는 작업을 반복합니다. 신입 사원은 눈앞에 걸려온 전화에 집중하느라 전체 상황을 잘 파악할 수 없습니다.

하지만, 몇몇 신입 사원이 전화를 받는 상황을 지켜보던 중견 사원은 '문제가 발생했나?'라고 의심할 수 있을 것입니다. 그러면 부장은 여러 중견 사원들의 보고를 접하고 공장의 생산 라인에 문제가 있다는 사실을 판단할 수 있습니다.

뉴런도 마찬가지입니다. 사무실의 직원들과 비슷한 계층 구조로 구성하면, 더욱 복잡한 결정을 내릴 수 있습니다."

이런 관점에서 보니, 딥러닝이 더욱 가까워지는 듯 합니다.

∨ **그림 2-12.** 복잡한 나선 패턴도 뉴런 계층과 뉴런의 개수를 늘리면 분석할 수 있음을 체험할 수 있다.

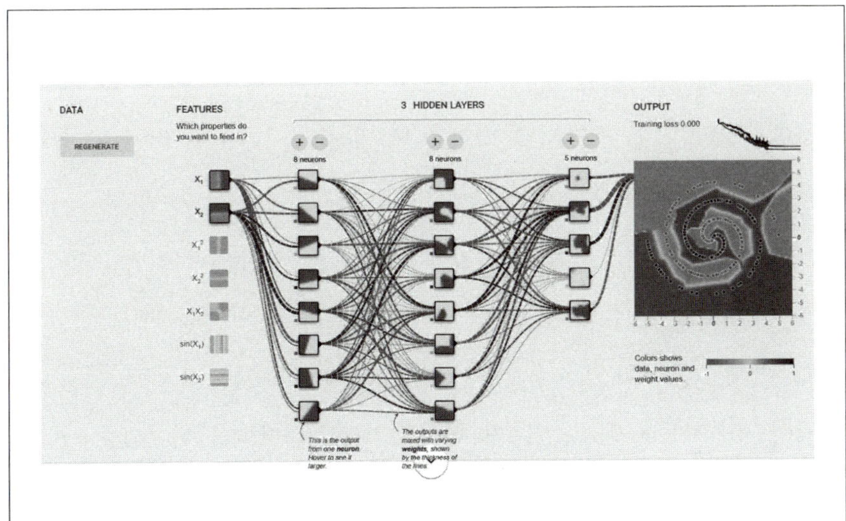

하지만 실제 사람이라면, 수십 개가 넘는 계층이 있는 회사에서 근무하고 싶지는 않을 것입니다. 컴퓨터는 수십 개의 계층으로 구성된 뉴럴 네트워크로 딥러닝을 시켜도 불평 없이 계속 작업을 해 주니 다행입니다.

그러면, 지금까지 본 뉴럴 네트워크와 딥러닝을 이해하기 위한 포인트를 정리해 보겠습니다.

> - 뉴럴 네트워크에서는 실수를 최소화하기 위해, 많은 양의 표본 데이터를 읽어 들여 뉴런 사이의 관계를 나타내는 값을 조절하며 학습합니다.
> - 데이터가 복잡할수록 여러 계층으로 구성된 뉴럴 네트워크가 필요합니다.
> - 가장 큰 핵심은 인간이 프로그램을 동작시키지 않는다는 점, 컴퓨터가 스스로 특징을 파악한다는 점입니다.

또 하나, 여기까지 읽어 오신 분이라면 느끼셨을지도 모릅니다.

그렇습니다. 이번에 본 뉴럴 네트워크와 여러 개의 계층으로 학습하는 딥러닝에서는 사람이 답을 가르치는 경우는 있지만, 풀이법은 가르치지 않습니다.

사람이 풀이법을 가르치게 되면, 아무리 잘하더라도 풀이법을 가르친 사람 수준의 일밖에 할 수 없는 것입니다.

그러나 컴퓨터가 스스로 풀이법을 고안하면, 사람을 뛰어넘을 가능성이 생기게 됩니다. 같은 데이터에서 사람은 생각도 할 수 없었던 답을 끌어낼 수 있는 것입니다.

딥러닝이 이목을 끌고 있는 또 하나의 이유는, 사람을 뛰어넘을 가능성에 있을 것입니다.

머신러닝은 '표본 데이터를 사용하여 학습한다'는 설명을 지금까지 여러 차례 반복해 왔습니다.

머신러닝에서는 규칙에 기반을 둔 인공지능처럼 사람이 풀이법을 프로그래밍할 수 없습니다. 사람이 반복적으로 사물을 보고, 소리를 들으며 학습해 나가는 것처럼, 머신러닝에서는 주어진 표본 데이터를 통해 컴퓨터가 학습해 나갑니다.

사실 그 학습 방법으로 다양한 방법이 연구·개발되고 있습니다. 그 중에서도 자주 사용되는 방법을 두 가지 소개하겠습니다.

하나는 '지도학습', 다른 하나는 '비 지도학습'이라는 것입니다. 지금까지는 '컴퓨터가 자동으로 학습한다'라는 베일에 싸여 있었지만, 실제로는 몇 가지의 학습 방법이 있으며 실제 이용 방법도 다릅니다.

먼저 지도학습을 설명하겠습니다.

지도학습은 비교적 이해하기 쉬운 개념입니다. 입력한 데이터에 대해 이러한 출력 데이터가 나오면 정답이라는 식의 학습 방법입니다.

이미지 데이터가 입력되었다고 가정해보겠습니다. 원하는 출력 데이터가 인간과 고양이, 개를 구별하는 것이라면, 이 문제에는 명확한 답이 있습니다. 인간이면서 개일 수도 있다는 대답은 존재하지 않으므로, 입력 이미지로 구한 출력 데이터는 반드시 정답 또는 오답이 됩니다.

지도학습에서는 정답 정보와 오답 정보가 학습 교사가 되어 이미지와 함께 컴퓨터에게 지도합니다. 그렇게 해서, 점점 정답이 되는 출력 데이터가 나올 수 있는 확률을 높이기 위해 내부의 변수를 조정해 가는 것입니다. 그것이 학습 과정입니다.

반대로 비 지도학습이라는 방법도 있습니다.

강화학습은 이 비 지도학습의 일종이라고 할 수 있습니다. 지금 상태에서 다음 상태로 바뀔 때, 무엇이 정답인지를 그 시점에서는 알 수 없는 경우가 있습니다.

예를 들어, 게임에서의 한 수가 비록 그 시점에서 좋은 수라고 판단될지라도, 게임의 승패가 결정되지 않으면 마지막 정답은 알 수가 없습니다.

자동 운전도 좋은 예입니다. 자동 운전은 사고 없이 목적지까지 운전하는 것이 마지막 정답입니다. 이 다음 동작으로 액셀을 밟아야 하는지, 브레이크를 밟아야 하는지, 핸들을 돌려야 하는지 등의 내용은 그 시점에서 구할 수 있는 정답이 아닙니다.

다시 사자와 씨가 등장합니다.

"보드게임의 경우를 예로 들어 보겠습니다. 비슷한 국면에서 다음 수로 이런 수를 두면 승리한 경우가 많았다. 저런 수를 두면 패배가 많았다는 데이터는 게임이 끝났을 때 구할 수 있는 것입니다.

한 수, 한 수에 정답 데이터가 있는 것은 아니지만, 마지막에 좋은 것이 있는 수, 즉 보상을 얻을 수 있는 경우에 상을 주는 방식으로 학습을 시키는 것입니다.

이러한 반복 학습 방법을 강화학습이라고 부릅니다. 사람도 무언가를 배울 때, 상황에 따라 지도학습과 강화학습 같은 학습방법을 구분해서 사용하고 있는지도 모릅니다.

아이들이 그림책을 보면서 동물의 이름을 배울 때, '이건 뭐야?' '얘가 고양이?' 처럼 엄마와 아빠에게 질문하면서 정답을 배워 나가는 학습 방법은 지도학습에 가깝다고 할 수 있습니다.

한편, 축구 시합에서 이기려면 패스와 슈팅을 반복하는 시합을 되풀이하면서 승리의 공식을 배워나가야 합니다. 이 학습 방법은 강화학습에 가깝다고 생각할 수 있습니다."

그리고 사자와 씨는 이렇게 덧붙였습니다.

> "현재 대부분의 머신러닝은 지도학습입니다. 입력 신호가 주어지면, 출력할 답이 즉시 결정되는 것이지요.
> 정답이 되는 출력을 바로 결정할 수 없는 강화학습은 앞으로 응용 사례가 늘어나리라 예상합니다."

실제로는 비 지도학습이면서 강화학습이 아닌 유형의 머신러닝도 존재합니다. 강화학습의 마지막 정답(보상)은 '게임의 승패'나 '목적지로 안전하게 운전' 등의 형태로 결정됩니다.

그러한 정답조차 없는 경우도 있습니다. 사자와 씨는 이렇게 설명합니다.

> "많은 양의 데이터를 입력해서 데이터 자체의 구조를 발견해야 하는 경우에 사용합니다. 클러스터링 분석 등에 사용하는 방법입니다."

예를 들어, 많은 양의 필기체에서 비슷한 글씨체를 분류하는 경우에 사용합니다.

이러한 머신러닝 방법이 있다는 사실을 머릿속에 기억해 두면, 이런 경우에는 저런 머신러닝이 유용하리라고 정리할 수 있을 것입니다.

강화학습이 효과를 발휘한 전형적인 사례가 있습니다. IT에 문외한인 사람들도 잘 알고 있는 인공지능 소식이라면 바로 '인공지능이 프로 바둑기사에게 승리했다!'라는 뉴스일 것입니다.

2016년 3월, 국제 경기에서 여러 번의 우승을 거머쥔 프로 바둑기사 이세돌 9단과 알파고가 대국한 결과, 4대 1로 인공지능이 승리했다는 내용입니다.

그 시스템의 이름은 바로 알파고(AlphaGo)로 구글의 모회사인 알파벳 산하의 인공지능 개발 벤처기업인 영국의 딥마인드가 지금까지 컴퓨터에게는 난공불락으로 알려진 바둑 대국이라는 문제를 해결하기 위해 개발한 인공지능입니다.

바둑은 두 선수가 흰색과 검은색의 바둑돌을 바둑판에 교대로 두며, 상대의 돌을 둘러싸서 자신의 땅(영토)을 넓히고, 그 땅의 넓이로 겨루는 게임입니다. 규칙은 간단하지만 가능한 수가 너무나 방대하여, 컴퓨터라 할지라도 모든 경우의 수를 예측하면서 대결할 수 없습니다.

체스 등에서는 인공지능이 인간 전문가를 이기는 시대가 이미 도래했습니다만, 바둑에서는 좀처럼 그런 수준에 도달할 수 없었습니다. 그런 가운데, 딥마인드가 딥러닝을 활용하여 알파고를 만들었습니다.

알파고는 딥러닝과 몬테카를로 트리 탐색이라는 기술을 결합하여 만들어졌습니다. 몬테카를로 트리 탐색이란, 난수를 사용한 시뮬레이션을 통해 통계적으로 답을 구하는 방법으로써, 게임의 인공지능에 자주 사용되는 방법입니다.

알파고는 바둑의 반상(19×19)의 상태를 그대로 딥러닝의 입력 데이터로 사용하고, 수백만 노드로 구성된 12계층의 신경망으로 데이터를 처리합니다.

알파고에는 두 종류의 뉴럴 네트워크가 있습니다. 하나는 다음 수를 결정하는 '정책망', 다른 하나는 승률을 계산하여 승자를 예측하는 '가치망'입니다.

정책망은 수를 탐색하는 범위를 좁혀간다는 점이 특징입니다. 한편, 가치망은 수를 탐색하는 깊이를 좁혀갑니다.

딥마인드는 이 뉴럴 네트워크를 바둑의 달인들이 남긴 3,000만 개 이상의 기보를 사용하여 학습시켰습니다. 또한, 알파고는 뉴럴 네트워크 안에서 스스로 대국할 수 있습니다. 이 점이 알파고의 대단한 부분입니다.

사토 씨는 이렇게 표현합니다.

"알파고는 가상 대국을 스스로 반복하여, 승리라는 목표를 향해 조정을 거듭했습니다."

이것이 앞서 소개한 강화학습 방법입니다.

알파고는 시행착오를 반복해 가며 뉴런 사이의 연결 값을 조정하여 스스로 새로운 전략을 배워갔습니다. 인간과의 대국에서는 생각할 수 없는 다양한 수가 알파고 안에서 탄생했고, 그에 대항하여 승리하기 위한 최적의 수를 찾아내었던 것입니다.

성과는 명백했습니다. 교육이 완료된 후, 구글은 알파고를 최첨단 컴퓨터 바둑 프로그램과 토너먼트 형식으로 대결시켰습니다. 그 결과, 알파고는 무려 500경기에서 499승이라는 압도적인 승리를 거두었습니다.

그 후, 2015년 10월에는 유럽 챔피언 타이틀을 세 번 획득한 전력을 가진 프로기사를 상대로 5전 전승을 거두었습니다. 그리고 2016년 3월에는 이세돌 기사를 상대로 승리를 거둘 수 있었습니다.

알파고는 모든 바둑의 수를 계산해 가며 싸우는 컴퓨터가 아닙니다. 사람이 바둑을 두는 법과 이기는 방법을 가르친 것도 아닙니다.

딥러닝을 사용한 머신러닝 기술을 통해 컴퓨터 스스로가 바둑을 통달하게 할 수 있고, 세계적인 바둑 기사를 상대로 승리할 수 있음을 보여줄 수 있었습니다.

'어떻게 하면 이길 수 있는가'를 가르치지 않아도, 특정 상황에서 최적의 해답을 끌어내는 컴퓨터를 만들 수 있음이 입증되었습니다.

이것은 바둑이라는 게임에서 승리하는 것뿐만 아니라, 다양한 분야에서 머신러닝을 통해 최적의 답을 끌어내는 컴퓨터를 만들 가능성을 넓히는 것입니다.

3장에서는 구글의 딥러닝 활용 사례를 소개합니다. 딥러닝으로 무엇을 구현할 수 있는지, 친숙한 서비스를 하나하나 이용해 가며 체감해 보도록 하겠습니다.

구글 사례 편

구글의 딥러닝 활용 사례

구글의 딥러닝 활용 사례

2장까지 진행한 이 시점에서, 머신러닝과 딥러닝에 대한 이미지가 더욱 구체화되었을 것입니다.

딥러닝은 사람이 이런저런 지시를 내리지 않아도, 많은 양의 표본 데이터를 바탕으로 컴퓨터가 스스로 답을 찾는 방법을 학습하는 것입니다. 딥러닝이 사용하는 뉴럴 네트워크 시스템은 사람의 뇌 신경 세포를 모방한 것입니다.

그러나 사람이 아무것도 가르치지 않기 때문에, 사람과 다른 재능을 발휘해 줄 가능성이 있는 것입니다.

"딥러닝이라는 건, 아직 구글과 같은 첨단 기업들에서 연구 단계에 있는 기술이 아닌가요?"라고 생각하는 독자분도 많으리라 생각합니다.

이 장에서는 딥러닝이 어떤 현장에서의 활용이 기대되고 있는지, 실제로 어떤 서비스를 통해 우리 이용자들에게 새로운 사용성과 편의성을 제공하고 있는지를 살펴보겠습니다.

결론부터 말씀드리면, 구글의 서비스 중에는 이미 딥러닝이 적용된 서비스가 많이 있습니다.

그렇습니다. 당신도 이미 딥러닝의 효과를 체감하고 있을지 모릅니다.

3-1. 미래를 향해 퍼져나가는 딥러닝의 활용

사실, 딥러닝의 성과를 생활 속에서 체험할 수 있는 단말기는 미국에서 이미 판매되고 있습니다. 바로 구글의 음성 인식, 자연어 처리와 같은 인공지능 기능을 활용한 단말기인 Google 홈(Google Home)입니다.

실제로는 얼마나 똑똑할까요? 아직 발매되지 않은 이 단말기의 리뷰를, 미국 실리콘 밸리에 거주하는 프리랜서 저널리스트인 타키구치 노리코 씨께서 보내주셨습니다.

대화로 사용하는 가정의 인공지능 비서

이른바 가정용 AI 기기인 Google 홈은 2016년 11월에 출하가 시작되었습니다. Google 홈에 통합된 인공지능은 이미 Google의 음성검색에서 사용되고 있는 OK, Google과 같습니다. 애플의 아이폰과 비교한다면 시리(Siri)에 해당하는 것입니다.

Google 홈은 가정 안에서 여러 가지 일을 할 때 사용할 수 있는 하드웨어 제품으로 일상 언어로 명령을 내릴 수 있습니다. 스마트폰으로 사용할 수 있다는 점 외에도 가정에서 사용하기 편리한 특유의 기능이 더해졌다는 점이 특징입니다.

Google은 Google 홈을 발표한 2016년 5월에 개인 사용자를 위한 인공지능 기능을 통합하여 Google 어시스턴트라고 이름을 붙였습니다.

Google 홈에 탑재된 인공지능도 Google 어시스턴트입니다. 작은 꽃병 정도의 크기인 Google 홈의 외관은 현대적이며 심플한 디자인으로 마감되어 있습니다(그림 3-1).

아래 부분의 스피커 덮개는 방의 인테리어와 어울리도록 7가지 색상으로 변화를 줄 수 있습니다. 앞으로 생활의 일부가 되길 바라는 구글의 바람이 느껴지는 부분입니다.

사실, Google 홈과 같은 가정용 인공지능 기기에는 무엇보다 음성 인식 기술과 마이크, 스피커가 중요한 역할을 합니다. 이 분야의 기기에서는 방 어디에서도 말을 걸 수 있고, 명료하게 응답하는 하드웨어 성능이 중요시됩니다.

이러한 제품 카테고리를 스마트 스피커라고도 부르는 이유는 Google 홈에도 선명한 고음과 풍부한 중저음을 재현하는 고성능 Hi-Fi 스피커가 내장되어 있기 때문입니다.

▽ **그림 3-1.** 거실에 어울리는 심플한 디자인을 갖춘 Google 홈

그러면 Google 홈은 실제로 어떻게 사용할까요? 구글은 Google 홈의 기능을 다음과 같이 분류하고 있습니다.

- 일상 정보: 오늘의 약속, 날씨, 교통 정보 등

- 궁금한 것의 질문: 사전, 검색, 주가, 스포츠 경기 결과, 번역 등

- 유용한 기능: 알람 시계, 타이머, 쇼핑 목록의 작성 등

- 엔터테인먼트: 음악 스트리밍, 뉴스 속보, 라디오, TV 스트리밍과 컨트롤 등

- 스마트 홈 컨트롤: 조명, 온도, IFTTT(if this then that 이라는 조건식에 기반한 웹 서비스와의 연계) 등

- 기타 즐길 거리: 농담, 게임 등 실제로 사용할 때에는 'OK, Google' 이라고 말을 건넨 후에, 무엇을 하고 싶은지를 전달합니다.

이것은 Google 어시스턴트를 깨우는 신호와 같은 것입니다. 예를 들어, "OK, Google. 오늘 내 스케줄이 어떻게 되지?"라고 물어보면, "오늘은 스케줄이 3개 있습니다. 9시부터는~ "라는 식으로 대답을 해 줍니다 (한국어는 2017년 말에 지원할 예정입니다).

오늘의 일정 기능을 이용하려면, Google 홈을 사용하기에 앞서 사용자의 구글 계정을 등록해 두어야 합니다. 구글에 저장된 정보에 따라 Google 홈이 일정을 파악하는 것입니다.

또한 "OK, Google. 뉴스를 알려줘"라고 말하자, NPR이라는 공영 라디오 네트워크의 뉴스를 요약해서 들려줍니다. 바쁜 아침 시간에 들으면서 외출 준비를 하면 편리할 것입니다.

음악의 재생이 필요할 때 "OK, Google. 밥 딜런의 노래를 들려줘"라고 하자 "밥 딜런을 재생합니다"라는 대답과 함께 스피커에서 음악이 흐릅니다. 물론, "밥 딜런의 '바람만이 아는 대답(blowing in the wind)'을 틀어줘"라고 곡명을 지정할 수도 있습니다.

곡 중간에 "Stop" "Resume" "Next"라고 말하면, 일시 정지, 재생, 다음 곡으로 바로 움직여줍니다. 음악 스트리밍은 Google Play Music과 YouTube Music, Spotify, Pandora 같은 연계 서비스를 사용합니다.

구매가 필요한 경우라면, 사용하는 계정을 Google 홈 앱에 미리 등록해 두어야 합니다.

스마트폰과 TV를 연계하는 기기인 크롬캐스트(Chromecast)를 사용할 수 있는 앱이라면, 스마트폰의 노래를 Google 홈 스피커를 이용하여 들을 수 있습니다.

음악 재생에서 재미있는 부분은, 집의 여러 방에서 같은 음악을 들을 수 있도록 설정할 수 있다는 점입니다. 즉, 아침에 샤워할 때 욕실 스피커로 듣던 음악을, 아침 식사 중인 주방에서도 계속 이어서 들을 수 있는 것입니다.

단, 이 기능을 이용하려면 Google 홈 앱으로 크롬캐스트 탑재 스피커 등을 먼저 등록하고, 그룹으로 등록해야 합니다. 그리고는 "바람만이 아는 대답(blowing in the wind)을 ㅇㅇ그룹의 스피커에서 틀어줘"라고 Google 홈에 전달하기만 하면 됩니다.

"요리할 때 어울리는 음악을 틀어줘"라든지, "운동할 때 어울리는 음악을 틀어줘"라고 말하면 Google 홈이 어울리는 음악을 재생합니다. 이때의 음악은 Google 어시스턴트가 선택한 것입니다.

앞으로 Google 홈과 같은 기기가 더욱 활약하는 시기는 스마트 가전이 보급된 이후일 것입니다.

예컨대, "주방의 불을 꺼줘"라고 하거나 "거실 온도를 2도 올려줘"라고 Google 홈에게 지시하기만 하면, 일부러 방으로 가는 수고를 피할 수 있다는 점은 참 감사한 일입니다.

Google 홈의 편의성은 자연어 인식기능 덕분에 일상 대화로 지시했을 때, 그에 맞는 결과를 낸다는 점에 있습니다. 비슷한 일을 하려면, 지금까지는 컴퓨터나 스마트폰을 꺼내어 몇 번 정도 클릭해야만 했습니다. 그에 비교하면 이는 마치 사람과 대화하는 듯한 경험입니다.

이 인공지능의 이름은 어시스턴트(도우미)지만 실제로는 집에 비서를 두는 것에 가깝습니다. 하지만, Google 어시스턴트는 아직 배우고 있다는 사실을 상기할 필요가 있습니다.

앞의 내용은 이상형을 적은 것이며, 실제로는 그다지 원활하지 않은 경우도 있습니다. 필자가 시도했을 때에는 스케줄에 문제가 있었습니다.

"OK, Google. 모레 스케줄을 알려줘"라고 물어 보았는데, 분명 Google 캘린더에 몇 가지 스케줄이 있었음에도 "예정된 스케줄이 없습니다"라고 대답했습니다. 또한, "OK, Google. 다음 출장 스케줄을 알려줘"라고 물어보자, 목적지 대신 비행기의 출발시각을 알려주었습니다.

틀린 것은 아니지만, 필자는 "○월 ○일부터 ○일간 ○○출장 예정입니다"라고 대답해 줄 것으로 기대하고 있었습니다. Google 어시스턴트는 "여행 = 비행기 예약"이라고 이해하고 있는 것 같습니다.

쇼핑 리스트 작성에도 흥미로운 부분이 있었습니다. "OK, Google. 쇼핑 리스트를 만들어"라고 의사를 전달하자, "무엇을 쇼핑 리스트에 추가할까요?"라고 대답했습니다.

작지만, 이 부분부터 약간의 대화가 시작됩니다. "우유, 요구르트, 오렌지 ……"라고 말한 다음에 그 내용을 복창하게 할 수도 있습니다.

그러나, 새로 "OK, Google. 쇼핑 리스트에 더(more) 추가할게"라고 말하자, "쇼핑 리스트에 더(more)를 추가했습니다"라는 대답과 함께 대화가 끝나버렸습니다. '더(more)'를 살 수 있는 식품으로 이해한 것 같습니다.

나중에 쇼핑 리스트를 복창하게 했더니, "쇼핑 리스트에는, 오렌지, 시금치, 더(more), 크래커 …… 가 있습니다."라고 합니다. 번역에도 보다 노력이 필요해 보입니다.

"OK, Google. 'I took a train from Palo Alto to San Francisco yesterday.'를 일본어로 번역해"라고 말하자, "나는 팔로 알토에서 기차를 샌프란시스코까지 어제 잡았습니다"라고 대답했습니다.

아직 부족한 점이 보입니다. 그러나 의미가 통하기에 부족하지 않다는 점은 놀랍습니다.

현재까지 일본어는 영어로 번역할 수 없습니다. 번역을 요청하자, "I do not know how to help with that. I 'm still learning."라고 답했습니다.

비록 번역에는 실패했지만, "도움을 드릴 수 없습니다"라고 응대한 다음에, "아직 공부하고 있습니다"라고 덧붙이도록 Google 어시스턴트의 캐릭터를 설정한 점은 꽤 영리하다고 할 수 있을 것입니다.

퉁명스럽게 "모릅니다"라는 대답을 들었을 때 보다는 "조금 더 기다려 봐야겠다"라고 용서할 마음이 듭니다.

실제로 인공지능 캐릭터의 컨셉을 잡기 위해 각 기업들은 상당한 공을 들이고 있습니다. 목소리의 질과 말투, 속도, 해결할 수 없을 때의 대사, 농담의 종류 등으로 그 인공지능의 캐릭터가 잡히기 때문입니다.

그리고 Google 어시스턴트를 부를 때의 문구로는 "OK, Google"외에도 "Hey, Google"을 사용할 수 있습니다. 제가 실수로 "Hi, Google"이라고 불렀을 때는 응답을 하지 않았습니다.

그런데, 이러한 가정용 인공지능 기기는 Google 홈이 처음이 아닙니다.

미국의 아마존 닷컴은 이미 2014년 11월에 아마존 에코(Amazon Echo)라는 기기의 초기 모델을 판매했습니다(그림 3-2).

정식 출시는 2015년 6월로 조용히 화제를 모았습니다. 아마존 사이트에만 4만 7,000건에 가까운(2016년 12월 기준) 리뷰가 올라왔으며, 평가도 별 5개 만점에 별 4. 5개를 받는 등 높은 평가를 받고 있습니다.

▽ **그림 3-2.** Google 홈(왼쪽)과 아마존 에코(오른쪽)

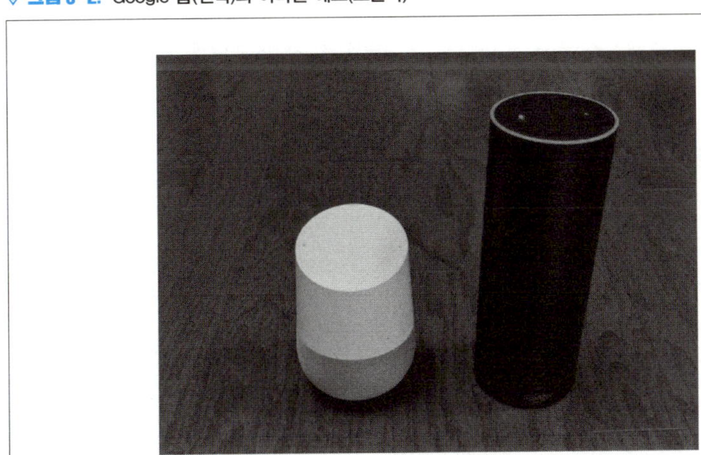

아마존 에코는 출시 이후에도 차례로 기능을 추가해 왔으며, 그 수는 800개 이상입니다. 스마트폰과 마찬가지로 인터넷을 통해 업데이트되므로, 어느 날 갑자기 새로운 기능이 추가되게 되어 있는 것입니다.

아마존 에코는 지금의 스마트폰처럼 빠르게 모델을 교체하지 않아도 오랫동안 사용할 수 있는 가정용 장비가 될 것입니다. 이는 Google 홈도 마찬가지일 것입니다.

지금은 아마존 에코보다 연계하는 서비스의 개수가 한정적이지만, 시간이 지나면 늘어날 것이고, Google 어시스턴트도 똑똑해져서 사용자 개인의 취향을 학습할 것입니다. 그렇게 되면, 사용 편의성이 점점 높아지게 됩니다.

또한, 2016년 12월에는 Google 포토도 지원하기 시작했습니다.

책을 쓰고 있는 이 시점에는 아직 출시한 지 얼마 되지 않았기 때문에 Google 홈의 매출을 잘 알 수는 없습니다. 하지만 미국에서 Google 홈의 반응은 대체로 좋은 편이고, 유튜브 뮤직(YouTube Music)의 풍부한 콘텐츠와 대화의 맥락을 이해하여 대답하는 기능이 높이 평가받고 있습니다.

어쨌든, 대화로 조작하는 장비는 한 번만 사용해 보면 그 쾌적함과 편리함에 금세 익숙해질 것입니다. 스마트폰과 태블릿 PC가 편리하다고는 하지만, 가정용 인공지능 기기에 비교하면 스트레스였다는 것을 깨닫게 될 것입니다.

하지만, Google 홈도 앞으로 계속 등장할 제품 카테고리에 비교하면 빙산의 일각에 불과합니다.

3-2. 자율 주행을 지탱하는 딥러닝

자율 주행차 연구도 구글의 첨단 기술 중의 하나로 유명합니다. 자율 주행에도 인공지능의 성과를 활용하고 있습니다.

미국의 도로에는 24대의 렉서스, 34대의 프로토타입 차량이 주행 실험을 반복하고 있습니다. 2016년 10월 시점에서 이미 자율 주행으로 200만 마일(약 320만 킬로미터) 이상을 주행했습니다.

구글의 자율 주행차 개발에는 딥러닝 기술이 필수적입니다. 테스트 차량이 실제 도로 주행을 하기에 앞서, 구글은 딥러닝을 활용하여 도로 주행 시뮬레이션을 반복합니다.

컴퓨터 시뮬레이션으로 동작을 테스트한 다음, 실제 자동차에 구현해서 안전성을 확인해 가며 도로 테스트를 하는 것입니다.

2016년 10월의 월간 보고서에는 좁은 길에서 자율 주행차를 U턴 시키는 테스트가 실려 화제를 모았습니다. 도로의 폭과 커브의 곡률을 측정하고, 주차된 차량을 피하고, 가장 적게 핸들을 돌려서 자율 주행차로 U턴하는 테스트였습니다.

속도는 물론이거니와 탑승자가 자연스럽게 느끼도록 회전을 해야 하는데, 딥러닝을 활용하여 적절하게 U턴을 할 수 있게 되었다고 합니다.

구글의 모회사인 알파벳은 2016년 12월에 자율 주행 기술회사인 웨이모(Waymo)를 설립했습니다. 웨이모는 구글의 형제 회사가 될 것입니다.

자동차 이름의 유래는 a new WAY forward in Mobility(이동을 위한 새로운 방법)이라고 합니다.

같은 달, 혼다 기술 연구소는 웨이모와 자율 주행차 공동 연구를 위한 검토를 시자했다고 발표했습니다.

양 사의 기술팀은 웨이모의 자율 주행 기술인 센서와 소프트웨어, 자동차 컴퓨터 등을 혼다 차량에 탑재하여 공동으로 미국의 도로 실증 실험에 사용할 것이라고 밝혔습니다. 기술 실용화를 향해 박차를 가할 것으로 예상합니다.

딥러닝으로 데이터 센터의 소비전력을 큰 폭으로 절감

1장에서도 언급한 내용으로, 구글은 딥러닝 기술을 데이터 센터의 에너지 절감에 활용하는 도전에도 성공한 바가 있습니다.

딥러닝과 에너지 절약은 조금 관계가 멀어 보이지만, 이는 딥러닝 기술의 응용 범위의 폭을 실감할 수 있는 사례입니다. 알파고와 마찬가지로, 데이터 센터의 에너지 절약에 딥마인드의 딥러닝 기술을 활용한 것입니다.

데이터 센터 설비의 가동 상태와 외부의 기후 같은 조건에 맞추어 냉각 설비의 설정을 최적화하면, 냉각 설비의 소비 전력을 줄일 수 있습니다. 이 최적화에 딥러닝을 적용한 것입니다.

구체적으로는 데이터 센터 안에 장착된 수천 개의 센서를 통해, 온도와 전원 공급 장치, 펌프의 속도와 같은 각종 설정 정보를 수집합니다. 그리고, 이들 데이터와 데이터 센터의 소비전력, 전력 사용 효율(PUE, Power Usage Effectiveness) 사이의 관계를 뉴럴 네트워크에 학습시켰습니다.

뉴럴 네트워크는 이러한 학습을 통해, 데이터 센터 내부와 외부의 환경에 따라 가장 높은 전력 사용 효율을 구할 수 있는 최적의 냉각 설비 운용 시나리오를 만듭니다.

또한, 데이터 센터 주변의 온도와 기압 데이터를 학습하여, 1시간 후의 온도와 습도의 데이터를 예측하고, 그 예측에 기반을 둔 시나리오로 냉각 설비를 운용하도록 했습니다.

그 성과는 명백했습니다. 딥러닝을 활용하여 운영한 냉각 설비의 전력 소비량이 40%나 줄었습니다. 이는 데이터 센터의 전력 사용 효율을 나타내는 PUE로도 15% 감소에 달하는 수치입니다(그림 3-3).

1장에서 AI 퍼스트에 대해 설명해 주신 구글의 마일즈 워드 씨는 다음과 같이 말합니다.

"데이터 센터의 소비전력 절감은 모든 기업의 숙제입니다. 그러나, 현실에서는 단 몇 %의 에너지라도 절약할 수 있게 되면 큰 성과가 되는 상황입니다.

이런 가운데, 딥러닝을 활용하여 수십 %의 소비전력을 절감할 수 있었습니다.

친환경 전략을 추진하고 있는 구글에 있어서, 이는 매우 큰 성과입니다."

▽ **그림 3-3.** 딥러닝을 활용하여 절약한 전력을 표시하는 영국 딥마인드의 웹 사이트

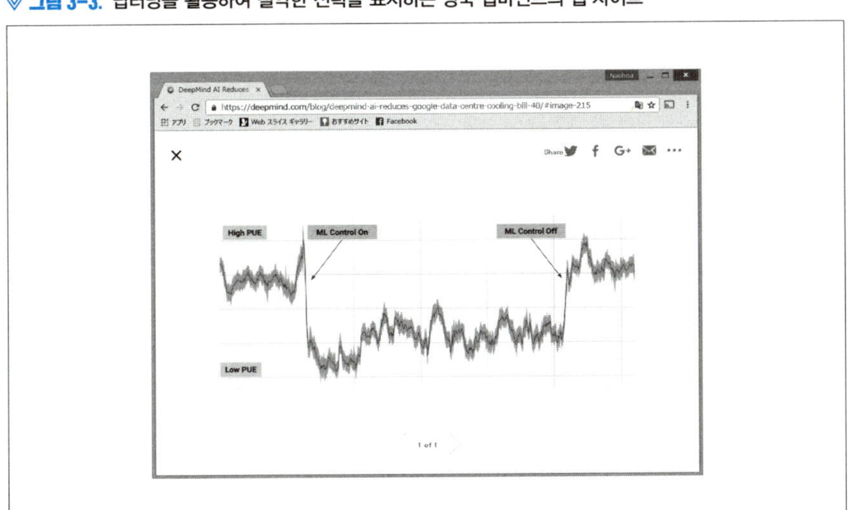

이처럼, 구글은 첨단 기술인 인공지능 어시스턴트와 자율 주행차, 비즈니스를 뒷받침하는 데이터 센터 운영의 효율화 등 미래 지향적인 부분에 딥러닝 기술을 적용하고 있습니다.

하지만, 이처럼 꿈같은 이야기만 들어서는 "구글과 같은 거대 기업만이 활용할 수 있는 기술이 아닌가요?"라고 생각하기 쉽습니다.

그렇지는 않습니다. 당신과 가까운 곳에서도 구글의 딥러닝 기술이 활용되고 있습니다. 이 절에서는 당신과 가까운 곳에 적용된 구글의 딥러닝 기술을 이용하는 방법에 대해 살펴보겠습니다.

3-3. 인간의 눈을 초월하여 사물을 분별하는 이미지 인식

딥러닝을 활발하게 사용하고 있는 분야 중 하나가 이미지 인식입니다. 간단하게 말해 이미지 인식이란, 카메라로 촬영한 사진에 찍힌 이미지의 내용을 파악하는 기능입니다.

촬영된 것이 사람인지 강아지인지 고양이인지를 분류할 때, 이미지에 어떤 사람이 있는지를 파악할 때, 이미지의 문자 부분을 감지해서 읽을 때 등 다양하게 쓰이고 있습니다.

사람의 얼굴이 찍힌 사진을 주면, 같은 사람이 찍힌 사진들을 구분할 수 있습니다. 미소 지은 얼굴과 언짢은 얼굴이 찍힌 사진을 구분하는 등 감정을 읽을 때도 사용할 수 있습니다.

지금까지 이미지 인식에는 패턴 인식이라는 기술을 사용하는 경우가 많았습니다. 이는, 개 얼굴, 고양이 얼굴 등의 패턴을 준비하고, 그와 얼마나 유사한지를 평가해서 인식하는 것입니다.

하지만, 조금만 생각해 보십시오. 같은 사람의 얼굴이라도 정면에서 찍는 경우와 옆 모습을 찍는 경우, 위나 아래에서 찍는 경우, 앞 사람에게 가려서 일부만 찍힌 경우 등 다양한 패턴이 있습니다. 이러한 모든 패턴을 준비해서 패턴을 인식하기란 매우 어렵습니다.

딥러닝에서는 사람의 얼굴 이미지 데이터를 대량으로 학습시킵니다. 그래서 다양한 상태의 이미지 데이터에서 사람의 얼굴을 구분할 수 있게 만듭니다.

사람과 개, 고양이를 구별할 때도 마찬가지입니다. 사람이 패턴을 마련하는 것이 아니라, 컴퓨터 스스로 많은 양의 이미지 데이터를 바탕으로 학습하여 인간과 개, 고양이를 구분할 수 있게 되는 것입니다.

실제로 구글은 딥러닝이 적용된 화상 인식 기능을 이미 활용하고 있습니다.

사진을 자동으로 분류하는 'Google 포토'

Google 포토는 사진이나 동영상을 저장할 수 있는 온라인 스토리지입니다. 이미 많은 사람들이 이용하고 있을 것입니다.

특정한 해상도 이하의 사진을 저장할 경우에는 무제한 무료로 저장할 수 있습니다. 이러한 장점 덕분에 PC용 서비스와 스마트폰 앱으로 널리 사용되고 있습니다.

많은 양의 사진을 저장한 경우에는 곤란한 점이 하나 있습니다. 바로 사진의 검색입니다. 수천 개, 수만 개의 사진이 저장된 곳에서 보고 싶은 사진만 골라 찾아내는 작업은 상당한 수고가 필요한 일입니다.

지금까지의 방법으로는 촬영된 날짜로 검색하거나, 저장할 때 무슨 사진인지를 태깅해야 하는 등 스스로 기록한 다음에 검색해야만 했습니다. 사진을 검색할 때, 촬영된 날짜나 태그처럼 이미지가 아닌 데이터를 바탕으로 검색하고 있었던 것입니다.

그러나, Google 포토는 딥러닝의 힘을 빌려 사진을 자동으로 분류할 수 있게 되었습니다. 사진이 저장된 Google 포토의 검색 창을 한번 클릭해 보십시오. 그러면, 가족과 지인의 얼굴이 아이콘으로 표시됩니다.

자신의 얼굴 또는 아이의 얼굴이 표시된 아이콘을 선택하면, 자기 자신과 아이가 찍힌 사진만 검색되는 것을 알 수 있습니다. 직접 태그를 붙이는 것이 아니라, Google 포토가 자동으로 얼굴을 인식하여 분류해주는 것입니다.

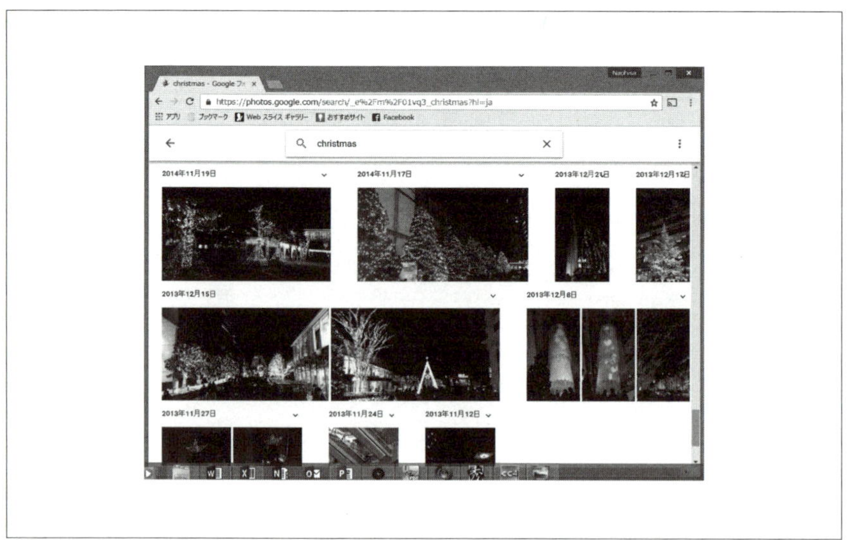

Google 포토의 자동 분류는 얼굴에만 국한되지 않습니다.

사진에 찍힌 이미지 정보에서 위치를 확인할 수 있는 경우에는 분류 후보로 위치도 표시해줍니다. 크리스마스, 생일과 같은 이벤트도 분류해 줍니다**(그림 3-4)**.

이미지처럼 지금까지 검색이 어려웠던 데이터조차 딥러닝의 힘을 빌려 검색 대상으로 만들어 버리는 점이 구글다운 부분입니다.

인공지능이 평가하는 그림 그리기 시스템 'Quick, Draw!'

딥러닝을 활용한 이미지 인식의 연구 성과로 재미있는 애플리케이션이 만들어지고 있습니다. 구글은 인공지능의 연구 성과를 체험할 수 있는 웹 사이트 AI Experiments를 통해 그러한 새로운 애플리케이션들을 공개하고 있습니다.

실제로 얼마나 도움이 될지는 알 수 없지만, 재미있고 흥미로운 연구성과들이 나열되어 있습니다. 구글 외부 연구자의 연구성과도 모으고 있습니다.

그곳에 추가된 Quick, Draw!는 이미지 인식 기술을 사용하여 사람이 그린 그림을 컴퓨터가 맞히는 애플리케이션입니다.

Quick, Draw!에서는 컴퓨터가 먼저 주제를 알려줍니다. 20초 안에 컴퓨터가 제시한 주제가 곰 또는 화장실, 자전거라면, 사람은 그 문제에 따라 터치 화면 또는 마우스를 사용하여 그림을 그립니다(서비스는 영어로 제공됩니다).

그러면 컴퓨터는 이미지 인식을 하면서, 무엇이 그려져 있는지를 맞춰 나갑니다.

그림을 그려가다 보면, 컴퓨터가 "사각형이 보입니다", "가방입니까?" 라고 물어봅니다. 지정된 시간 안에 컴퓨터가 그림을 알아맞히면 게임을 클리어할 수 있습니다(**그림 3-5**).

사진처럼 같은 깔끔한 이미지 데이터가 아니라, 인간이 손으로 그린 그림도 딥러닝의 힘을 빌리면 컴퓨터가 이미지 인식을 할 수 있게 만들 수 있는 것입니다.

▽ **그림 3-5.** Quick, Draw!는 인공지능이 내는 주제에 따라 사람이 그림을 그리고, 그 그림을 인공지능이 맞추는 게임이다. 아래는 Umbrella(우산)라는 주제를 인공지능이 맞춘 모습.

실제로 사용해 보면, 인공지능의 능력에 놀라기보다 컴퓨터가 제시한 그림을 그리지 못하는 자신의 형편없는 그림 실력에 실망할 수도 있습니다만...

Quick, Draw!는 자녀에게 인공지능 능력의 끝을 알기 쉽게 가르쳐주고 싶을 때 추천하고 싶은 애플리케이션입니다.

컴퓨터도 꿈을 꿀 수 있는가? '딥 드림' 실험

머신러닝을 통한 이미지 인식 기능이 연구·개발되고 있는 가운데, 구글은 딥 드림(Deep Dream)이라는 뉴럴 네트워크를 발표했습니다.

일반적인 이미지 인식 기능은 입력된 이미지를 인식합니다. 즉 고양이나 개라는 답을 구하게 될 것입니다.

그런데, 딥 드림은 좀 더 실험적인 도전을 하고 있습니다. 뉴럴 네트워크가 이미지를 인식해서, 특정한 부분에 고양이와 개 같은 이미지가 보이면, 그 정보를 입력 데이터에 기록하는 것입니다.

그러면, 아무것도 없는 원본 이미지에 이상한 모양이나 동물의 얼굴 같은 것이 나타나기 시작합니다. 딥 드림은 입력된 영상을 바탕으로 새로운 이미지를 만들어가는 것입니다.

그런데 생성된 이미지를 살펴보면, 마치 꿈속 세계 같으면서도 이상하고 기괴한 이미지가 출력됩니다. 예술이라고 부를 것인지, 악몽으로 부를 것인지는 보는 사람의 기분 나름일 것입니다.

이것은 신경망의 각 계층에서 특징을 어떻게 해석하고 있는지를 이미지로 추출한 것입니다.

신경망이 생각하고 있는 내용이니, 사람으로 치자면 뇌 속을 들여다보는 상황이라고 할 수 있습니다.

딥 드림이 만든 사진을 보면, 마치 창작 중인 예술가의 뇌가 번득이는 순간을 들여다본 기분이 됩니다.

뛰어난 예술과 음악을 만들어내는 '마젠타'

구글의 프로젝트 마젠타(Magenta)는 이러한 예술적인 측면에서의 가능성을 더욱 느끼게 해 줍니다.

마젠타는 딥러닝으로 음악과 예술을 만들어 낼 수 있는지를 확인하는 프로젝트로, 머신러닝을 테마로 연구하는 Google Brain이 만들었습니다.

사실, 마젠타는 툴과 모델을 오픈소스로 공개하고 있습니다. 마젠타를 공개한 직후에 발표한 블로그의 아티클에서는 딥러닝으로 컴퓨터에 음악과 예술을 창조하는 방법을 가르치는 연구를 소개하고 있습니다.

마젠타 프로젝트에서는 딥러닝으로 만든 약 90초 피아노의 선율을 공개했습니다. 이것이 마젠타가 만든 최초의 예술작품이라는 뜻이 됩니다.

참고로 일본에서는 이러한 움직임을 두고, 인공지능이 만든 창작물의 저작권에 대한 논의가 진행되었습니다.

그 중에서 현재의 법 제도는 인간이 인공지능을 도구로 활용하여 제작한 작품에는 저작권이 있는 반면에, 인공지능이 자율적으로 생성한 작품에는 저작권이 발생하지 않는다는 견해가 있었습니다.

그러자, 자율적으로 만든 작품이라도 사람이 가공했다고 주장하는 작품이 나올 경우, 어떻게 구분을 할 것이냐는 지적이 있었습니다.

현재는 학습된 모델과 학습용 데이터 세트의 권리에 대해서도 깊게 논의되고 있습니다. 이제 딥러닝은 나라의 법도 바꾸려고 하는 것입니다.

동영상을 인식하는 기술! '독순술 전문가에게 승리하다'

지금까지는 정지된 이미지의 인식과 분석에 대한 화제가 주를 이루었습니다. 딥러닝을 활용한 동영상의 인식과 분석은 어떤 상황일까요?

GCP의 책임자 사토 카즈노리 씨는 이렇게 말합니다.

"동영상이나 음성 같은 시계열 데이터는 사진이나 텍스트 같은 데이터에 비해서 다루기가 어렵습니다."

실용적인 단계에 이르기까지는 시간이 걸릴 것 같군요.

그런 가운데, 딥마인드는 동영상 데이터에서도 뛰어난 성과를 올리는 데 성공했습니다. 바로 독순술입니다.

독순술이란 말하는 사람의 입술의 움직임을 읽어서 무엇을 말하고 있는지를 인식하는 기술입니다. 이것을 컴퓨터가 딥러닝으로 배운 것입니다.

딥마인드는 영국 BBC 방송의 여러 TV 프로그램 시리즈를 골라, 약 5,000시간의 동영상을 딥러닝으로 가르쳤습니다. 이를 통해 학습한 컴퓨터는 입술의 움직임을 읽었습니다.

그 결과, 200개의 비디오 테스트 세트에서 약 50%의 단어를 읽어냈습니다.

한편, 비교 대상인 사람은 좋지 않은 결과가 나왔습니다. 법정 등에서 10년 이상의 경험을 쌓은 독순술 전문가조차, 같은 테스트 세트에서 25%의 단어만 읽을 수 있었습니다.

아직은 개발 중인 기술이지만, 딥러닝으로 동영상을 인식할 경우에도 사용법에 따라서는 인간 전문가를 웃도는 성과를 내는 것으로 알려져 왔습니다.

앞으로는 동영상 인식 분야에도 딥러닝이 적용되리라 예상됩니다.

3-4. 문장을 이해하는 텍스트 분석

텍스트(문장) 인식도 지금까지는 컴퓨터에 쉬운 일이 아니었습니다. 문자가 나열된 문자열 안에서 단어를 구분하고, 각 단어의 품사를 분석하여 단어가 연결된 문장의 구조를 이해하고, 의미를 알아내야 합니다.

이러한 텍스트 분석(자연어 처리라고도 합니다) 분야에서도 머신러닝과 딥러닝을 효율적으로 활용할 수 있게 되었습니다.

1장에서 머신러닝의 기초를 설명해주신 구글의 카사와 히데토 씨는 이렇게 말합니다.

"일본어 텍스트를 생각해 보겠습니다. 일본어는 단어 사이에 공백을 넣지 않는 언어이기 때문에 단어를 구분하기조차 쉽지 않습니다. '東京都'라는 텍스트는 '도쿄 + 도시'라고 읽을 때와, '동부 + 교토'라고 읽을 때 전혀 의미가 다릅니다.

예전의 컴퓨터로는 이러한 단어의 구분 규칙을 사람이 하나하나 가르쳐야 했습니다.

하지만, 어쩔 방법이 없는 단어는 결국 눈에 띄게 됩니다.

많은 양의 데이터를 통해 자동으로 배우는 머신러닝과 딥러닝이 텍스트 분석 분야에서는 매우 유효합니다."

머신러닝이나 딥러닝으로 텍스트의 구분을 가르치기 위해서는 많은 양의 실제 텍스트를 훈련 데이터로 제공합니다. 그리고, 단어를 구분할 수 있도록 띄어쓰기된 정답 데이터를 훈련 데이터와 세트로 만듭니다.

이것을 학습시키면, 일본어 단어를 구분하는 방법을 컴퓨터가 배워 나갈 것입니다. 품사와 구문 분석을 할 때와 마찬가지로, 훈련 데이터와 답을 세트로 준비하여 학습해 나갑니다.

인간이 규칙을 정한 프로그램보다도 다양한 경우에 대응할 수 있는 텍스트 분석 기능을 효율적으로 만들어 낼 수 있는 것입니다.

구글은 딥러닝을 활용한 텍스트 분석의 성과물을 검색 랭킹을 산출하는 알고리즘인 랭크브레인(RankBrain)에서 활용하고 있습니다. 딥러닝을 사용한 알고리즘은 검색 알고리즘에서 하나의 지표(시그널)로 이미 사용되고 있습니다.

GCP의 사토 카즈노리 씨는 이러한 설명을 덧붙였습니다.

"지난 2년간의 검색 알고리즘의 품질 개선 사례 중에서도 가장 큰 효과를 거두고 있습니다."

이 외에도 텍스트 분석이 어떤 곳에 쓰이고 있는지, 활용 사례를 조금 더 살펴보겠습니다.

구글의 서비스 중에서 많은 독자 여러분이 사용해 본 경험이 있는 서비스로는 지메일(Gmail)이 있을 것입니다. 지메일은 편리한 메일 서비스이지만, 수신함 속의 많은 양의 메일 안에서 필요한 메일만 검색할 수 없어서 스트레스로 다가왔던 경험이 있으실 것입니다.

Inbox는 그런 지메일의 내용을 자동으로 분류해주는 애플리케이션입니다. 메일을 열지 않아도 내용을 확인할 수 있는 하이라이트, 비슷한 메일을 모아서 처리할 수 있는 카테고리 등의 기능이 이메일을 사용할 때의 스트레스로부터 해방해 주는 것입니다.

그 Inbox에는 스마트 리플라이(Smart Reply)라는 자동응답 기능이 있습니다. 이 기능은 Inbox에 도착한 메일을 열었을 때, 그 아래에 답장 예문을 Inbox가 제안해 주는 기능입니다.

"네, 그렇게 해 주세요"같은 간단한 문장을 제안하는 정도이지만, 문장을 생각하지 않아도 바로 답장을 할 수 있는 뛰어난 기능입니다. 특히 문자 입력이 번거로운 모바일 환경에서 급하게 답장을 해야 할 때 아주 편리한 기능입니다(그림 3-6).

이 자동 답장 기능에는 딥러닝을 사용한 텍스트 분석 기술이 사용되고 있어서, 보낸 메일의 내용을 분석하여 적절한 답장 예문을 표시하도록 만들어져 있습니다.

아직 한국어로는 스마트 리플라이 기능을 사용할 수 없다는 점이 아쉽지만, 영문판의 경우 이미 2016년 2월 시점에서 Inbox의 모바일 앱 사용자의 10%가 스마트 리플라이로 답장을 하고 있다고 구글이 발표했습니다. 한국어가 지원되면, 한국의 이용자도 늘어나리라 생각합니다.

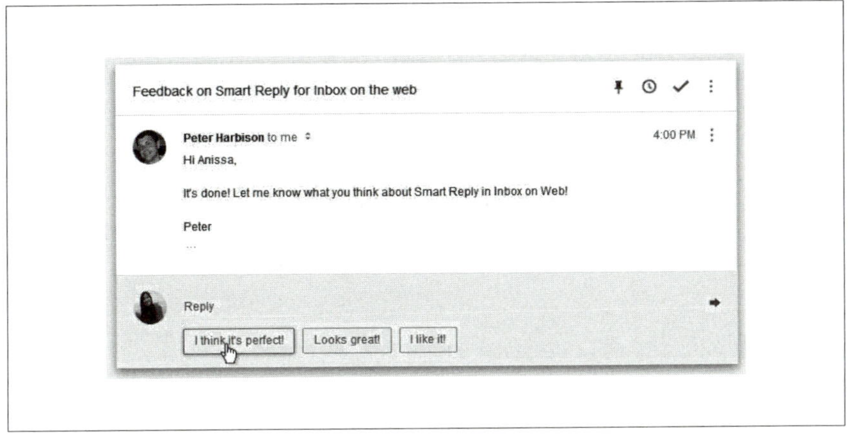

스팸 필터의 정확도도 크게 향상

지메일은 스팸과 의심스러운 메일을 자동으로 판단하여, 스팸 메일을 특정 폴더로 이동시킵니다. 지메일을 이용하면서, "요즘은 스팸 메일이 많이 안 오네"라고 느꼈다면, 구글이 제공하는 스팸 필터의 혜택을 입고 있을 가능성이 높습니다.

이 스팸 메일 필터링 기능은, 머신러닝이 초기 단계였을 때부터 비즈니스 응용 사례로 잘 알려져 있습니다.

스팸 메일을 판단하는 기준은 여러 가지가 있습니다. 지메일은 이메일 주소 스푸핑, 피싱 메일, 모르는 사람이 보낸 메일, 내용이 없는 메일 등의 조건에 해당하는 메일을 스팸 메일로 판단하여 정크메일 폴더로 이동시킵니다.

스팸 여부를 판단하는 부분에도 딥러닝이 적용된 텍스트 분석 기능을 활용하고 있습니다.

지메일이 수신하는 막대한 용량의 메일을 훈련 데이터로 사용하여 스팸 여부를 분석한 결과, 더욱 정확한 스팸 필터를 실현한 것입니다.

구글의 제품개발 본부장인 토쿠오 히로토 씨는 다음과 같이 그 효과를 소개했습니다.

"지금까지의 스팸 메일 필터링에는 사람이 개입해 왔습니다.

이를 뉴럴 네트워크로 머신러닝을 한 결과, 지난 1~2 년 사이에 스팸 메일 99.9% 이상을 파악할 수 있게 되었습니다.

이 사례는 지메일을 사용하는 분들이라면 실감하실 것입니다. 또한, 일반 메일을 스팸 메일로 오판할 가능성은 0.05 % 이하로, 이는 매우 낮은 수치입니다."

기업의 정보검색을 원활하게 하는 '구글 스프링보드'

딥러닝을 활용한 텍스트 분석 기능이 적용된 기업용 서비스도 등장하고 있습니다. 2016년 6월에 발표된 구글 스프링보드라는 서비스입니다.

기업에 제공하는 오피스 애플리케이션 모음인 구글 앱스에 등록된 정보를 횡적으로, 보다 효율적으로 검색할 수 있는 애플리케이션입니다.

지메일, 캘린더, 행아웃, 드라이브, 주소록 등에 등록된 정보를 검색하여, 인공지능을 활용한 통합검색 인터페이스에 표시하는 기능을 가지고 있습니다.

구글의 조사에 따르면, '지적 노동자는 평균적으로 1주일 중 하루에 해당하는 시간을 정보의 검색과 수집으로 보낸다'고 합니다.

구글 스프링보드의 목표는 이러한 시간을 단축하고, 정보를 효율적으로 이용하도록 돕는 것입니다.

구글 스프링보드는 정보의 검색시간을 단축할 수 있는 검색 인터페이스를 갖추었으며, 실용적인 정보와 추천 정보를 푸시 메시지로 제공합니다. 이를 통해, 기업에서 일하는 사람들이 시간을 효율적으로 활용할 수 있도록 지원한다는 계획입니다.

3-5. 대화만으로 컴퓨터와 의사를 소통하는 '음성 인식'

음성 대화는 컴퓨터와 로봇을 인간과 연결하는 인터페이스로서, 예로부터 SF 등의 단골 소재였습니다. 인간의 말을 컴퓨터가 이해하여 필요한 작업을 해 준다는 발상입니다.

컴퓨터와의 대화는 조금 이전까지만 하더라도 정말 SF적인 세계라고 생각했던 것이지만, 이미 우리 주변에는 이러한 상호 작용이 가능한 프로그램들이 있습니다.

구글의 스마트폰에서는 'OK, Google'로 시작하는 음성 검색과 음성 조작이 가능합니다. 애플의 경우, iPhone 등에 시리가 탑재되어 있습니다.

스마트폰에 대고 "ㅇㅇ역의 △△행 기차는 몇 시지?" "오늘 도쿄 날씨는 어때?"라고 말을 걸면, 합성된 음성으로 대답하거나 필요한 정보가 표시된 웹 페이지를 보여줍니다.

마치 SF의 세계 속에서 사는 것 같군요.

이러한 음성 검색과 음성 합성의 배경에는 음성 인식 기술이 있습니다. 마이크가 수집한 음성 데이터를 컴퓨터로 처리하여 텍스트로 변환한 다음에, 그 의미를 이해하는 원리입니다.

앞서 소개한 Google 홈도 이런 음성 인식 기술을 활용한 제품입니다. 음성 인식 또한 예전부터 음향학적인 분석에 따른 모델이 연구 및 개발이 계속되었던 분야이지만, 진정한 의미에서의 실용화는 좀처럼 진행되지 않았습니다.

'말하는 사람으로부터 영향을 받지 않을 것', '자유롭게 이야기한 내용을 인식하는 것' 등의 몇 가지 극복하지 못한 과제가 있었기 때문입니다.

이 기술에도 머신러닝과 딥러닝이 활약하고 있습니다. 인간이 발성한 다양한 학습용 음성 데이터와 그것을 실제로 텍스트로 만들었을 때 어떠한 문자열이 된다는 대답을 마련하여 머신러닝을 시키면 되는 것입니다.

다양한 사람들이 발성한 음성과 답변 텍스트의 상관관계를 학습함으로써, 말하는 사람으로부터 영향을 받지 않으면서 자유롭게 이야기한 내용을 인식할 수 있게 되었습니다.

구글의 사자와 씨는 이렇게 말합니다.

"'시부야' 라는 음성 스트림이 입력되었을 때 '渋谷' 라고 인식하는 작업을, 딥러닝으로 이전보다 정밀하게 구현할 수 있게 되었습니다."

잡음과 음성을 구별하는 정밀도 또한 높아지면서, 딥러닝은 음성 인식의 정확도를 높이는 데 기여하고 있는 것입니다.

딥러닝 기술의 발전에 따라, 음성을 텍스트로 변환하는 음성 인식의 정확도가 높아졌습니다.

그러나, 음성을 스마트폰의 화면에 표시하는 기능만으로는 용도가 제한적입니다. 청각 장애인의 대화 보조수단으로는 매우 편리하겠지만, 우리의 요구사항은 그보다 다양하기 때문입니다.

음성 인식 기능과 인공지능으로 우리들의 질문과 발언에서 맥락(컨텍스트)을 읽는 기능을 결합하면, 조금 전에 SF적이라고 표현한 컴퓨터와의 대화를 구현할 수 있게 됩니다. 말을 걸면, 말의 목적이 무엇인지를 파악하여 필요한 응답과 동작을 하는 것입니다.

구글은 이러한 사람의 도우미(어시스턴트)로 사용하는 서비스를 출시했습니다. Google 어시스턴트라고 하며, 구글의 2016년 핵심 서비스 중 하나라고 할 수 있습니다.

음성 인식의 결과로 출력된 텍스트에서 컨텍스트(문맥)를 읽은 다음, 구글에 저장된 개인 스케줄과 연락처, 위치 정보, 검색기록 등을 인공지능으로 분석하여 그 다음 동작을 결정합니다.

"온천 가고 싶다"라고 중얼거리면, 인근의 온천시설을 추천하거나, 리뷰를 보여주거나, 숙소와 교통편을 예약하는 서비스를 제공하게 될지도 모릅니다.

2017년 말에는 한국에도 한국어판 Google 어시스턴트가 제공될 예정입니다.

Google 어시스턴트는 Allo(알로)라는 챗봇 메신저를 통해 먼저 만나볼 수 있습니다(그림 3-7).

Allo와 연계된 Google 어시스턴트로 친구와 채팅을 할 때 영화의 상영 시간, 비행기의 출발 시각 등의 정보들을 검색하는 기능이 있습니다.

어시스턴트가 출력한 정보 아래에는 엄지를 위로 올린 섬업, 아래로 내린 섬다운 아이콘이 표시됩니다.

▽ **그림 3-7.** Google 어시스턴트 메신저 앱 'Allo'는 한국어로 제한된 기능을 사용할 수 있다.

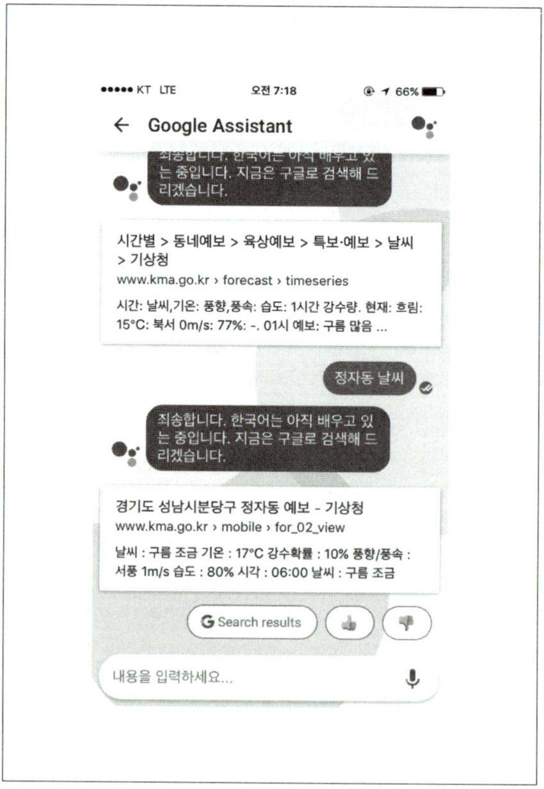

Google 어시스턴트는 사용자로부터 받은 평가를 바탕으로 더욱 똑똑해질 것으로 예상됩니다.

문자를 입력해서 채팅을 할 수도 있지만, 음성 인식 기능을 활용해서 보다 미래지향적으로 사용해보시는 건 어떨까요?

합성 음성도 피아노곡도 만들 수 있는 'WaveNet'

딥러닝 기술을 사용하여 음성 데이터를 다루는 연구 또한 다양한 부문으로 확대되고 있습니다. 그 중 하나가 딥마인드가 개발한 웨이브넷 (WaveNet)입니다.

웨이브넷은 음성 데이터를 그대로 입력 데이터로 사용하여 딥러닝으로 학습합니다. 입력된 음성 데이터를 표본으로 삼아, 딥러닝이 출력한 음성 데이터와 비교 학습하여 자연스러운 음성을 합성합니다.

GCP의 사토 카즈노리 씨는 이렇게 평가합니다.

"웨이브넷은 영어와 중국어를 합성하여, 지금까지의 음성 합성 기술보다 자연스러운 음성을 만들 수 있습니다."

합성된 음성이라면 어딘가 부자연스러운 울림에 위화감을 느끼기 마련이지만, 웨이브넷으로는 매끄럽고 자연스러운 발음을 들을 수 있습니다. 목소리의 종류를 남성에서 여성으로 바꿀 수도 있다고 하니, 향후의 응용 범위가 얼마나 넓어질지 기대가 됩니다.

딥마인드는 웨이브넷에 음악을 가르치는 실험도 병행하고 있습니다.

음악도 언어처럼 의미를 가진 음성 데이터입니다. 딥러닝으로 연속된 소리의 흐름을 만드는 법을 배우면 어떻게 될까요?

사토 씨는 우리에게 놀라운 이야기를 들려주었습니다.

"웨이브넷에 클래식 피아노 음악을 많이 들려주며 가르쳤습니다. 그러자 웨이브넷이 기존에 없던 음악을 만들어 버렸습니다. 새로운 피아노 곡이 완성되어 버린 것입니다."

과거의 많은 명곡을 이해하고, 음악의 구조와 아름다운 멜로디를 느껴, 새로운 음악을 자아낸다는 것. 이것은 인간이 지금까지 해온 것과 크게 다르지 않은 것 같습니다.

음악의 창작이라는 영역에 컴퓨터가 도달함에도 딥러닝이 기여하고 있는듯 합니다.

3-6. 언어의 벽을 넘을 가능성이 보이기 시작한 '기계 번역'

대부분의 사람들은 아무래도 외국어가 서툰 경우가 많습니다. 물론 언어에 능통한 사람도 많겠지만, 일반적으로는 영어공부로 고생하거나 최근 급증하고 있는 외국인 관광객에게 말을 건넬 때 우물쭈물하는 사람이 많은 것이 현실입니다.

언어의 장벽은 전 세계인의 커뮤니케이션에 큰 장벽이라고 해도 과언이 아닙니다. 만약 컴퓨터가 원활하게 번역을 할 수 있다면, 그야말로 꿈의 세계가 펼쳐지게 됩니다.

구글의 사자와 히데토 씨는 언어의 장벽을 넘어야 하는 필요성에 대해 이렇게 설명합니다.

"전 세계의 정보를 누구나 활용할 수 있도록 하자는 것이 구글의 사명입니다.
현재 전 세계의 정보는 대부분이 영어로 작성되어 있으며, 그 비율은 50%에 달합니다. 그러나, 영어로 작성된 정보를 불편 없이 읽을 수 있는 사람의 비율은 전 세계적으로 20% 정도에 불과합니다. 이는 매우 곤란한 문제입니다.
또한, 그것이 일본어로 작성되어 있다면, 작성된 양도 적거니와 읽을 수 있는 사람은 더 적습니다. 일본에 대해 알고 싶은 외국인은 더욱 어려움을 느끼게 됩니다."

그래서 구글은 기계 번역의 연구개발을 진행하고 있습니다. 예를 들어, 컴퓨터가 영어와 일본어를 번역하여 서로 의사소통을 할 수 있게 도와주는 것입니다. 사자와 씨는 이러한 설명을 덧붙였습니다.

"구글이 제공하는 Google 번역은 기계 번역 애플리케이션 중 하나입니다. 이미 지원되는 언어는 100개를 넘었고, 인터넷으로 볼 수 있는 언어의 99% 정도를 커버힐 수 있을 만큼 확장되었습니다."

Google 번역의 대화 모드를 사용하면, 책상 위에 스마트폰을 놓은 상태에서 핸즈프리로 통역할 수 있습니다. 예를 들어 일본어와 독일어를 통역할 경우, 스마트폰을 향해 일본어로 말하면 독일어로 번역한 결과를 발음해 주는 것입니다.

Android 스마트폰에는 화면 속 글자를 탭하면 어떤 화면에서라도 쉽게 번역할 수 있는, 탭하여 번역이라는 기능도 마련되어 있습니다. 언어의 장벽은 알게 모르게 상당히 낮아지고 있는 듯합니다.

뉴럴 네트워크로 진화된 Google 번역

구글 번역은 우리에게 외국어를 사용한 커뮤니케이션의 새로운 방법을 제시하고 있습니다.

하지만, "어, 이건 컴퓨터가 번역한 것 같은데?"라며 쓴웃음을 짓게 되는 오역에 마주친 경험이 있는 분도 많으실 것으로 생각합니다.

2016년, 구글은 Google 번역에 딥러닝 기술을 사용하는 뉴럴 네트워크를 적용하여 번역의 품질을 훨씬 높이는데 성공했습니다. 물론 Google 번역도 지금까지는 기계 번역 기술을 이용하고 있었습니다.

바로, 구문 기반 기계 번역(PBMT)이라는 것입니다.

간단하게 구문 기반 기계 번역의 메커니즘을 살펴보면, 우선 원문을 구문으로 구분합니다. 다음으로 각각의 구문을 번역하고, 번역된 구문을 다시 조립해서 전체 번역문을 만듭니다.

사자와 씨도 그 아쉬운 모습을 인정합니다.

"아무래도 구문 단위로 조립한 부분이 울퉁불퉁한 누더기처럼 되기에 매끄럽지 못한 번역이 되어버리기 십상이었습니다. 노력은 하고 있지만, 아직 인간에게는 도달하지 못한 느낌의 만족스럽지 못한 번역이었습니다."

하지만, 구글이 새로 적용한 뉴럴 네트워크를 활용한 방식(구글 뉴럴 기계 번역 : GNMT)에는 구문 단위의 구분이 없습니다. 문장 전체를 보고 어떻게 번역해 나갈지를 결정해 나가는 것입니다.

사자와 씨는 아래의 코멘트와 함께 미소를 지었습니다.

"이 덕분에 누더기 같은 연결 부분이 드문, 매끄러운 번역을 할 수 있습니다.
제가 지금까지 관여해온 구글 번역 중에 가장 큰 성과라고 자부합니다.
익숙해질 만큼 익숙해진 개발자들도 좋아졌다고 평가할 수 있을 만큼의 변화입니다."

∨ **그림 3-8.** Google 번역의 정확도 향상 전후의 번역 결과

원 문

The world has so many beautiful and amazing places to visit.If we're lucky,we're able to travel and see a few of them.

구 버전을 사용한 일본어 번역

세계가 방문하기 때문에 많은 아름답고 멋진 장소가 있습니다.
우리는 운이 좋다면, 우리는 여행을 하고 그 중 일부를 볼 수 있습니다.

새로운 버전을 사용한 일본어 번역

세계에는 아름답고 멋진 곳이 많이 있습니다. 우리가 운이 좋다면,
우리는 여행을 할 수 있으며, 그 중 일부를 볼 수 있습니다.

그 차이를 구글이 수치로 평가한 데이터가 있습니다. 일본어판 구글 뉴럴 기계 번역(GNMT)이 발표되기 이전의 자료라, 번역대상 언어가 영어, 스페인어, 프랑스어, 중국어라는 점이 안타깝습니다만, 그 위력은 충분히 느낄 수 있을 것입니다.

평가는 0에서 6까지의 7단계이며, 인간이 완벽한 번역이라고 느끼면 6이 됩니다. 사실, 사람이 한 번역도 만점이 될 수 없을 정도로 번역이란 어려운 작업입니다.

그런 가운데, 구문 기반 기계 번역(PBMT)은 역시 만족할만한 수치를 얻지 못했습니다. 언어에 따라 수치에는 차이가 있지만 4에서 5 사이에 있습니다.

한편, 새로운 뉴럴 기계 번역(GNMT)은 인간의 번역에 상당히 근접했다는 사실을 알 수 있습니다(그림 3-9).

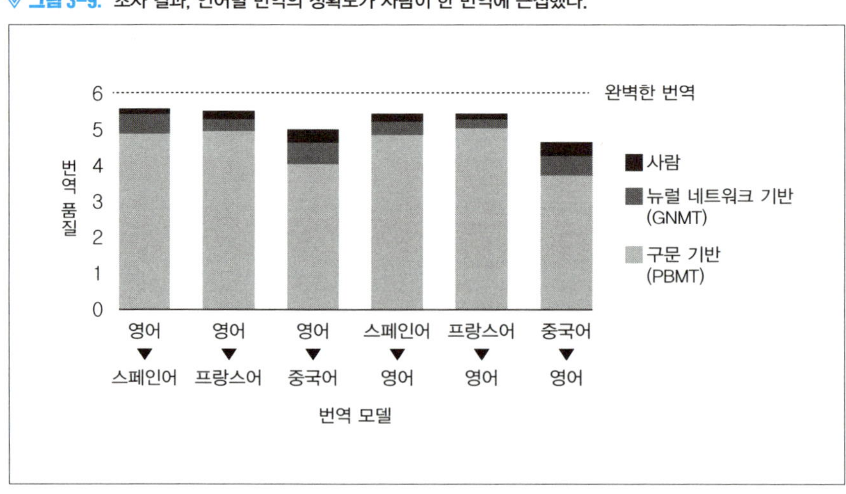

언어에 따라 차이는 있지만, 대략 5 이상의 평가를 받았으며, 서양 언어의 경우에는 인간에 육박하고 있다고 해도 좋을 것입니다.

"일본어는 서양의 언어와 차이가 크므로, 이 차트의 중국어에 가까운 평가가 나올 것입니다. 그렇다고 하더라도, 구문에 기반한 기계 번역에 비해서는 큰 진전을 보인다는 것에는 틀림이 없습니다." (사자와 씨)

구글에서는 뉴럴 기계 번역의 결과물과, 기존의 문구 기반 기계 번역 결과물을 2개국어를 하는 사람이 평가합니다.

그 결과, 뉴럴 기계 번역은 기존 방식에 비해 번역 실수를 55~85% 정도 줄이는 데 성공했습니다.

기술적인 부분을 조금 살펴보겠습니다. 뉴럴 기계 번역은 개념적으로 3계층으로 구성된 신경망을 활용하고 있습니다.

처음에는 입력받은 문장의 각 단어를 수치화하는 작업을 합니다. 단어를 머신러닝으로 벡터라는 숫자값으로 바꿉니다.

다음으로, 원래 언어에서 얻은 벡터를 뉴럴 네트워크에 입력하여 번역 대상 언어의 단어 벡터로 출력하는 작업을 합니다. 이 부분에는 딥러닝이 적용된 뉴럴 네트워크를 사용합니다.

그리고 번역된 벡터 안에서, 정확히 첫 번째 작업을 역으로 되짚어가며 단어를 되돌려 줍니다.

실제로 컴퓨터는, 이 데이터가 딥러닝의 훈련 데이터라는 것만 알 뿐, 사람의 언어라는 사실은 모릅니다. 이미지를 인식할 때와 마찬가지로, 입력받은 데이터와 출력 데이터 사이의 관계가 더 정확해지도록 내부 설정을 조정하고 있을 뿐입니다.

훈련 데이터로써 필요한 번역 이전의 데이터, 번역 후의 데이터에는 많은 양의 데이터를 사용하고 있습니다.

웹에서 갈무리한 데이터 중에서, 특정 일본어 문장과 특정 영어 문장이 번역된 관계임을 기계적으로 판단한 데이터를 학습데이터로 사용하고 있습니다.

지금의 Google 번역으로는 'Let it Go!'가 '가자!'로 번역되고 있지만, 영화 겨울 왕국의 주제가 'Let it Go!' 일본어판의 번역은 '너의 모습 그대로' 입니다.

이러한 번역 데이터가 많이 생길수록 매끄러운 번역이 가능하게 될 것입니다.

3-7. 딥러닝 학습의 성과를 간편하게 사용할 수 있는 '머신러닝 API'

이미지 인식과 텍스트 분석, 그리고 음성 인식에서 번역까지 딥러닝 기법이 다양한 분야에서 활용할 수 있음을 알 수 있었습니다.

하지만, "우리 회사의 공장 설비에 이미지 인식 기능이 추가되면 더 효율적인텐데"라는 아이디어가 떠올랐다고 하더라도, 인공지능과 딥러닝을 시도하려면, 막대한 연구개발비용과 컴퓨터에 관한 깊은 지식이 필요할 것 같습니다. 대기업이라면 몰라도, 중소기업에서는 미래의 이야기로 느끼는 것도 무리가 아닙니다.

그런데 구글은 이미, 누구나 딥러닝의 성과물을 손쉽게 비즈니스에서 활용할 수 있는 서비스를 제공하고 있습니다. 구글은 클라우드 서비스인 구글 클라우드 플랫폼(GCP)을 통해, 구글이 연구·개발해온 딥러닝의 성과를 일반인들에게 제공하고 있습니다.

GCP의 책임자 사토 카즈노리 씨가 그 성과물을 소개했습니다.

"구글은 누구나 사용할 수 있는 머신러닝 서비스를 제공하고 있습니다. 구글 뿐만 아니라, 많은 고객이 최신의 머신러닝 성과물을 사용할 수 있도록 돕고 있습니다.

구글이 제공하는 서비스는 크게 두 종류로 나뉩니다.

하나는, 머신러닝 훈련이 끝난 모델을 API(응용 프로그래밍 인터페이스) 형태로 제공하는 것입니다.

다른 하나는 텐서플로(Tensor Flow)라는 머신러닝 라이브러리를 제공하는 것입니다."

먼저, API로 제공되는 훈련된 모델부터 살펴보겠습니다. API란 일반적으로 특정한 기능을 가진 컴퓨터 프로그램을 외부프로그램이 호출해서 사용할 수 있도록 하는 인터페이스를 말합니다.

특정한 기능을 가진 API에 다른 프로그램에서 데이터를 입력하면, API
의 기능에 따라 답을 구할 수 있으며, 프로그램은 그 답을 즉시 사용할 수
있는 것입니다.

구글에서는 머신러닝 훈련이 끝난 모델을 이런 API로 제공하고 있습니
다. 예를 들어 이미지를 입력하고, "이미지를 인식해"라고 명령하면 머신
러닝 모델을 사용하여 인식한 결과인 인간 또는 고양이라는 답이 되돌아오
는 것입니다.

사용자는 머신러닝이 내부적으로 무슨 일을 하는지는 알 필요가 없습니
다. 입력 데이터만 API에 전달하면 답이 되돌아오는 것입니다.

이 방법이라면, 누구나 머신러닝의 성과를 활용할 수 있을 것입니다.

GCP가 공개한 API는 총 4개입니다(역자 주: 2017년 현재는 6개로 늘
었습니다. https://cloud.google.com/products/#machine-learning).

각각에 대해 살펴보겠습니다(그림 3-10).

∨ **그림 3-10.** 구글이 제공하는 4종류의 머신러닝 API

· **Google Cloud Vision API**

Vision API는 이미지 인식과 이미지 분석 기능을 제공하는 API입니다. Vision API를 이용하면 이미지의 내용을 인식하고 처리하는 애플리케이션을 사용자가 쉽게 만들 수 있습니다.

Vision API가 제공하는 기능은, 첫 번째로 이미지를 여러 카테고리로 빠르게 분류하는 기능을 들 수 있습니다. 이미지에 포함된 내용을 요트 또는 사자, 에펠탑 같은 카테고리로 분류합니다.

이미지 중에 다양한 사물과 인물이 함께 찍힌 이미지가 있어도, 이를 개별적으로 감지하는 기능을 갖추고 있습니다. 또한, 이미지에서 텍스트 부분을 감지하여 읽을 수도 있습니다.

Google 포토가 자동으로 사진을 분류하는 것처럼, 많은 양의 이미지 데이터 안에서 필요한 사물이나 인물이 찍혀있는 사진을 고르거나, 피사체별로 분류하는 애플리케이션에 적용할 수 있습니다.

그리고, 일반에 공개하기에 부적절한 성적인 이미지와 폭력적인 이미지를 감지하여 경고를 울릴 때 사용하는 방법도 있습니다.

거기에다 이미지에 찍힌 인물의 표정에서 그 당시의 감정을 판단할 수도 있으므로, 감정을 평가하는 마케팅 등에 활용하는 방법도 고려해볼 수 있습니다.

Google Cloud Speech API는 대화의 내용을 인식하여 텍스트로 변환하는 기능을 제공합니다.

구글은 딥러닝 기법이 적용된 뉴럴 네트워크 알고리즘을 이용하여 사용자의 음성을 정밀하게 인식할 수 있도록 했습니다.

구글의 기술이 발전하면 Speech API가 제공하는 음성 인식의 정확도가 함께 높아진다는 점이 특징입니다. 80개 이상의 언어와 방언을 인식하므로 전 세계적인 활용이 가능하며, 실시간으로 결과를 되돌려줍니다.

또한, 잡음이 많이 섞인 음성 데이터로도 정확하게 인식을 할 수 있다고 설명합니다. 음성 입력을 텍스트로 변환하는 것은 물론, 음성 명령으로 기기를 조작하거나 음성 데이터를 텍스트 파일로 변환할 때 사용할 수 있습니다.

Google Natural Language API는 자연어를 처리하는 API입니다. 텍스트의 구조와 의미를 인식하여, 문장이 무엇을 설명하려고 하는지 판단할 때 도움이 될 수 있습니다.

예를 들어, 뉴스 기사나 블로그에 작성된 내용에서 관련된 사람이나 장소와 같은 고유명사를 추출할 수 있습니다.

또한, 텍스트의 내용에서 긍정적/부정적 등의 감정을 감지할 수도 있습니다(그림 3-11).

많은 양의 기사를 주제별로 정리하거나, 부적절한 콘텐츠를 필터링하는 용도로 사용할 수 있을 것입니다.

또한, 감정분석 기능을 사용하면 SNS의 게시물에서 자사 제품에 대한 사용자의 감정을 평가하여 제품 개발이나 마케팅에 활용할 수도 있을 것입니다.

다음에 소개하는 Google Cloud Translate API의 번역 기능과 Google Vision API의 텍스트 읽기 기능을 결합하면, 사용 범위가 한층 넓어집니다.

 Google Natural Language API 데모 화면에 예문을 넣어보면, 품사 등을 분해하는 것을 확인할 수 있다.

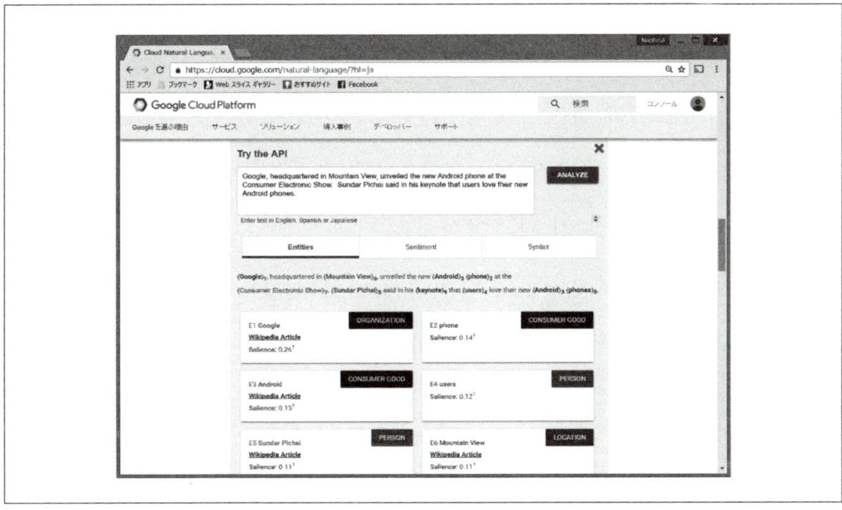

· **Google Cloud Translate API**

· Google Cloud Translate API

Google Cloud Translate API는 특정 언어로 작성된 문자열을 다른 언어의 문자열로 번역하는 기능을 제공합니다.

Google Cloud Translate API를 웹 사이트나 애플리케이션에서 이용하면, 언어의 장벽을 뛰어넘는 서비스를 손쉽게 제공할 수 있습니다.

원문의 언어가 불분명한 문서도 자동으로 검출할 수 있으므로, 특정 언어에 국한되지 않는 번역 서비스를 자사의 사이트와 서비스에 통합할 수 있습니다. 번역이 가능한 언어는 90개가 넘습니다.

사용자가 클라우드 플랫폼 서비스로 제공되는 이러한 API를 사용하면, 간편하게 머신러닝과 딥러닝의 성과물을 자사의 서비스에 통합할 수 있습니다. 인공지능 연구원과 높은 사양의 컴퓨터, 딥러닝 학습을 위한 방대한 훈련 데이터 세트 등이 필요하지 않습니다.

특정 분야에서는 머신러닝과 딥러닝이 이미 손안에 있는 것이나 마찬가지인 것입니다.

사용자가 정의한 딥러닝을 활용할 수 있는 '텐서플로'

제공되는 API를 사용하면, 일반 기업이 머신러닝과 딥러닝을 사용하기 위한 진입 장벽이 크게 낮아집니다. 프로그램에서 API를 호출하기만 해도, 이미지 인식이나 음성 인식 같은 최신 성과물을 이용할 수 있습니다.

이것은 물론 편리합니다. 그러나, 제공되는 API가 사용하고자 하는 용도에 적합하지 않을 수도 있습니다.

의료와 산업과 같은 특정 분야의 내용은 아무리 딥러닝이 적용된 이미지 인식을 사용한다 한들, 개와 에펠탑을 인식하는 일반적인 API로는 해결할 수 없습니다. 질병에 걸릴 우려가 있는지, 고장의 징후가 보이는지 아닌지를 식별하는 것이 중요하기 때문입니다.

이처럼 딥러닝의 학습 방법을 정의해서 이용하고 싶은 경우에는, 구글이 제공하는 머신러닝 라이브러리인 텐서플로(Tensor Flow)가 도움이 됩니다. 사토 씨는 이렇게 설명합니다.

"텐서플로를 이용하는 최대의 장점은 파이썬(Python)이라는 언어로 간단한 코드를 작성하기만 하면 딥러닝을 사용할 수 있다는 점입니다."

사용자 스스로가 신경망을 설계하려면, 다양한 지식과 방대한 하드웨어 자원이 필요합니다.

하지만 텐서플로를 사용하면, 하이퍼 튠이라는 소프트웨어가 뉴럴 네트워크를 자동으로 조정합니다.

구글이 개발한 고성능 GPU(Graphics Processing Unit : 영상 처리 반도체)가 적용된 최신 데이터 센터용 컴퓨터의 계산 능력을 사용하여 연산할 수도 있습니다.

"텐서플로는 휴대성과 확장성을 겸비하고 있습니다. 따라서, 처음에는 매킨토시와 윈도우 PC에서 딥러닝 모델을 테스트해보고, 실제 응용단계에 접어들었을 때는 구글 클라우드 플랫폼의 GPU를 사용하여 본격적으로 가동하는 등의 단계적인 사용에도 적합합니다."

텐서플로가 등장함에 따라, 뉴럴 네트워크의 배경지식인 수학적 모델과 수학 등을 이해하지 못한 사람들도 머신러닝과 딥러닝을 이용할 수 있게 된 것입니다.

API를 이용하는 것을 기성복에 비유한다면, 텐서플로를 이용하는 것은 맞춤 정장에 비유할 수 있을 것입니다. 스스로 옷을 만드는 기술이 없어도, 예쁘고 어울리는 옷을 입을 수 있게 되는 것입니다. 필요한 것은 아이디어와 학습을 위한 많은 양의 데이터입니다.

사토 씨는 텐서플로를 사용한 머신러닝의 이용이 확산하는 추세를 이렇게 표현했습니다.

"머신러닝의 민주화가 시작되고 있습니다."

기존에는 생각조차 할 수 없었던 상황에 고도의 머신러닝 성과물을 활용할 수 있게 되었기 때문입니다. 전문가인 사토 씨조차 흥분을 감추지 않았습니다.

"인턴 학생들이 이미지 인식 시스템을 빠르게 제품으로 만들고 있고, 농부들이 작물을 분류하는 시스템을 만드는 등 텐서플로에 의해 머신러닝의 응용범위가 커지고 있습니다.

아이디어만 있다면 누구나 쉽게 머신러닝의 성과물을 이용할 수 있는 시대가 오고 있는 것입니다."

이번에는 머신러닝과 딥러닝은 실제로 어떤 분야에서 사용할 수 있게 되어있는지, 또한 어떤 방법으로 이용할 수 있는지를 살펴보겠습니다.

이제 '딥러닝이 있으면 무엇이든 쉽게 해결해 버리는 것은 아닐까?'라는 기분마저 듭니다.

그러나, 비즈니스에서의 응용을 고려해보면, 아직 딥러닝은 만능이 아닌 것 같습니다. 잘하는 분야와 잘하지 못하는 분야가 분명하다는 것입니다.

사자와 히데토 씨가 다시 등장하여 조금 자극적인 발언을 합니다.

"이제는 머신러닝과 딥러닝이 반드시 다양한 영역으로 퍼질 것입니다.

엔지니어는 물론이거니와, 비즈니스를 하는 사람도 이에 대해 어느 정도 정확하게 파악해야만 할 것입니다.

작금의 시대에 '인터넷을 팝니다'는 비즈니스가 되지 않습니다. 앞으로 '딥러닝을 팝니다'없이는 비즈니스를 할 수 없는 시대가 옵니다.

어떤 상황에 딥러닝을 사용할 수 있고 어떤 상황에서 사용할 수 없는가, 머신러닝과 딥러닝의 본질을 이해하지 못하면, 비즈니스 기회를 놓치거나, 사기를 당할지도 모릅니다."

딥러닝은 눈부신 발전을 거듭하고 있습니다. 하지만, 적합한 분야와 적합하지 않은 분야가 있습니다. 사자와 씨는 이렇게 말합니다.

"딥러닝은 많은 양의 데이터가 있으며, 매우 복잡한 문제를 풀어야 할 때 적합합니다.

복잡한 문제일수록 딥러닝은 힘을 발휘합니다.

많은 정보를 처리하여 즉시 다음 행동을 선택해야 하는 자율 운전 등은 딥러닝이 아니면 실현될 수 없을 것입니다. 이미지 인식과 번역 등에도 적합합니다."

반면에 적합하지 않은 부분에 관해서도 설명했습니다.

"데이터가 적거나 간단하다면 딥러닝은 말 그대로 기억해 버립니다.
기억한 것과 다른 데이터가 입력되면, **본 적이 없다**라는 이유로 부자연스러운 결과를
출력하는 경우가 있습니다.
또한, A라면 B가 되어 C가 나와야 하는 등, 결과에 실수가 허용되지 않는 애플리케이
션에도 딥러닝은 적합하지 않습니다. 돈과 관련된 처리에 딥러닝을 사용하면, 큰 틀에
서 볼 때는 정답에 가깝지만, 1엔 단위가 맞지 않는 등의 상황이 발생할 수 있습니다."

그리고 사자와 씨는 이런 이야기를 덧붙였습니다.

"딥러닝의 장단점을 이해해야 비로소 기업의 서비스를 만드는 방법을 근본적으로 바
꿀 가능성이 생깁니다.
앞으로의 비즈니스 현장에서는 미래를 예측해야만 하는 상황이 늘어날 것입니다. 지
금까지 현장에서 감으로 대처하던 부분에 딥러닝을 적용하면, 실태를 파악하게 되어
비용을 절감할 수 있게 될지도 모릅니다.
머신러닝과 딥러닝을 비즈니스의 어느 부분에 적용해야 좋을지를 생각해 내는 능력
이 중요합니다.
자기 부담으로 프로그램을 만들거나 컴퓨터를 구입할 필요가 없습니다. 이미 구글이
그 모든 것을 마련해 두었기 때문이지요."

4장에서는 실제로 머신러닝과 딥러닝을 비즈니스에 도입한 기업의 사
례를 소개합니다. 이제 비즈니스에 인공지능을 활용하는 것이, 미래의 이
야기가 아니게 된 것입니다.

기업 사례 편

딥러닝을 활용한
업무의 효율성 향상 사례

딥러닝을 활용한 업무의 효율성 향상 사례

딥러닝을 비롯한 인공지능의 활용은, 구글과 같은 글로벌 IT 기업뿐만 아니라 일본의 대기업부터 중소기업으로까지 확대되고 있습니다.

자율 주행차와 신약 개발과 같은 대규모 연구 개발 프로젝트의 보도가 눈에 띄지만, 일상적인 업무의 개선 사례도 다양하게 보고되고 있습니다. 그러한 기업들은 몇 개월 단위로 개발을 진행하고 있습니다.

딥러닝과 머신러닝을 활용한 시스템의 특징은, 우선 간단하게나마 시스템을 제공하기 시작하면 여기에서 얻은 데이터를 이용하여 지속적으로 개선해 나갈 수 있다는 점입니다.

이 장에서는 이렇게 익숙한 사례들을 중심으로 딥러닝을 소개합니다.

4-1. 안도 하자마, 터널 공사 시의 암반 경도를 판정하다

터널의 건설공사를 안전하고 효율적으로 추진하기 위해, 인공지능을 활용하는 시스템의 시험 운용이 시작되고 있습니다.

바로, 종합 건설 회사인 안도 하자마가 일본 시스템웨어와 공동으로 개발한 터널 굴착 AI 자동 평가시스템입니다(그림 4-1).

터널을 파는 드릴의 가장 끝부분인 키리하의 사진을 입력하면, 암반의 경도, 취성과 같은 공학적 특성을 자동으로 평가하는 시스템입니다.

이 시스템은 산악 터널을 뚫는 현장에서 암반의 경도에 따라서 다음에 굴착할 때 사용할 화약의 양 등을 조절하는 상황에 활용합니다. 현장에서는 암반의 경도와 취성에 따라 최적의 화약량을 선택하고, 버팀목 등의 설계를 조정합니다.

안도 하자마의 토목 사업본부 토목 설계부 기초 기술그룹 지질 기술팀 부장인 우츠기 신지 씨는 먼저 지금까지의 공법을 설명했습니다.

> "암반의 경도는 암반의 공학적 특성을 평가하는 전통적인 암반 분류 기준에 따라, 사람이 맨눈으로 확인하거나 두드려서 평가합니다."

이 시스템은 암반의 공학적 특성 평가를 인공지능으로 자동화하여 전문가와 숙련공 없이도 정확한 판단을 내릴 목적으로 개발되었습니다.

∨ **그림 4-1** 터널 굴착 AI 자동 평가 시스템의 개념도

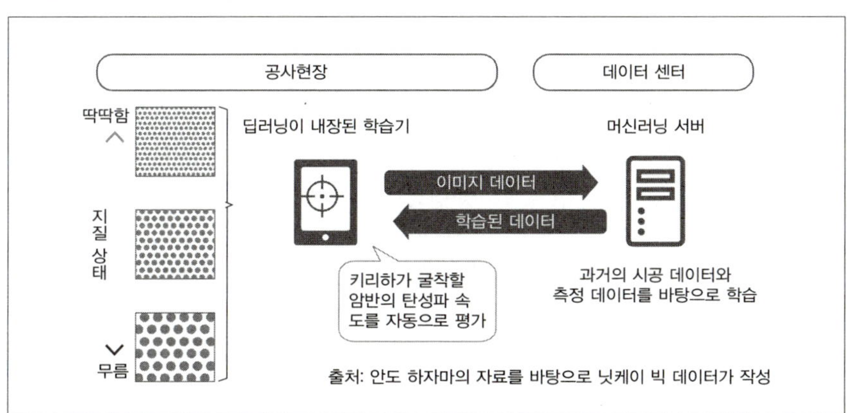

암반 경도의 분류는 암반 안에서 진동파가 진행되는 속도인 탄성파 속도
와 상관관계가 있습니다.

굴착이 끝난 후에는 굴착 면의 사진과 탄성파 속도의 데이터가 마련된
두 군데 터널의 데이터를 딥러닝의 훈련 데이터로 사용했습니다. 학습할
때에는 약 500장의 사진을 여러 개로 나누어, 약 5만 장의 이미지 데이터
로 만들었습니다.

탄성파 속도와 이미지를 함께 학습시킨 결과, 키리하의 사진만으로 탄
성파 속도의 값을 답으로 구할 수 있었다고 합니다. 우츠기 씨는 다음과
같이 말합니다.

> "새로운 시스템에서는 약 85%의 확률로 키리하의 사진과 대응하는 탄성파 속도를 인
> 식하는 데 성공했습니다."

굴착 공사의 자동 최적화까지 가시권에

새로운 시스템에서는 사진을 촬영해서 머신러닝 서버에 이미지 데이터
를 올리기만 하면 암반의 공학적 특성 지표를 구할 수 있으므로, 어려운
조작이 필요하지 않습니다.

현재 약 85%인 인식률에 대해서 우츠기씨는 다음과 같이 평가했습니다.

> "전문가가 없더라도 현장 판단은 필요합니다. 현장 판단의 확실성을 보조하는 도구로
> 서는 충분히 효과적입니다."

또한, 새로운 시스템을 이용해서 암반의 특성에 맞는 최적의 화약량에 맞추어 뚫을 수 있게 되면, 과하게 뚫었을 때나 적게 뚫었을 때 발생하는 공정과 비용을 절감하게 되므로, 비용적인 면의 개선도 기대할 수 있습니다.

앞으로는 시험 운용을 통한 현장 데이터 축적과 동시에, 터널 굴착 기계와의 연계도 검토하고 있다며, 다음과 같이 덧붙였습니다.

"촬영된 키리하의 사진을 바탕으로 최적의 화약량 등을 계산하여, 터널 굴착 기계가 자동으로 뚫는 등의 시스템 통합 실현을 목표로 하고 있습니다."

전문 기술자 없이도 완벽한 공사가 시행되는 세계를 인공지능을 활용하여 구현하려는 것입니다. 이미지 분석에 뛰어난 능력을 보이는 딥러닝의 장점을 잘 살린 시도입니다.

이러한 일상 업무에서 모이는 이미지 데이터를 분석하여, 사람이 하는 업무를 효율적으로 만들려는 노력은 이외에도 있습니다.

4-2. 자동차 사진으로 모델까지 식별하는 오크넷 IBS

오크넷 IBS가 그 주인공입니다. 이 회사는 중고차 등의 사업자 간 거래를 지원하는 오크넷(도쿄도 미나토 구)의 시스템 개발 자회사입니다.

딥러닝 기술을 사용하여 자동차의 사진을 30개의 부위로 자동 분류하는 시스템인 콘페키(Konpeki)를 개발했습니다.

이 시스템은 2016년 11월부터 그룹 내의 중고차 딜러인 플렉스에 채택되어 웹 사이트 등의 정보 등록 업무를 효율화하고 있습니다.

중고차 딜러는 구매한 중고차의 사진을 여러 장 촬영해서 자사의 웹 사이트와 포털 사이트 등에 등록하는 작업이 매우 빈번합니다. 자동차의 왼쪽 사선 방향 사진, 오른쪽 대각선 사진, 왼쪽 사진, 오른쪽 사진, 차량의 앞 좌석과 뒷 좌석 사진, 계기판이 배치된 패널과 네비게이션 등 ...

이러한 사진들을 직원이 수작업으로 정리하면 5분 정도가 걸린다고 합니다. 하지만 콘페키에 중고차 딜러가 촬영한 사진을 등록하면, 자동으로 부위별로 사진을 분류하여 중고차 정보 사이트에 쉽게 등록할 수 있게 도와줍니다(그림 4-2).

자동차의 외부는 18개, 내부는 12개의 부위로 분류합니다. 세일 광고처럼 자동차 이미지를 포함하고 있지만, 자동차 자체가 아닌 이미지를 그 외의 이미지로 분류할 수도 있습니다. 또한, 제조 업체와 차의 이름, 모델 번호까지 알아내므로 평균 판매 가격대도 확인할 수 있습니다.

오크넷 IBS는 모회사인 오크넷이 운영하는 중고차 딜러용 자동차 경매장 구매 시스템과 판매 지원 시스템을 개발해서 운영하고 있습니다. 이 시스템을 이용하는 중고차 딜러 등에게 이 시스템을 판매해 나갈 방침입니다.

이 시스템은 구글의 구글 클라우드 플랫폼(GCP) 위에 딥러닝 모델을 개발하기 위한 라이브러리인 텐서플로(TensorFlow)를 설치하고, 많은 양의 이미지를 학습시켜 개발했습니다.

∨ **그림 4-2** 오크넷 IBS가 개발한 콘페키의 화면. 이미지를 통해 자동차의 부위와 모델을 자동으로 판별하는
시스템으로, 위쪽 화면에 여러 개의 사진을 마우스로 끌어당겨 놓으면 아래 화면처럼 자동으로 분류된다.

AUCNET IBS
FLEX
KONPEKI
DeepLearning Classification System
Drop Images Here
or Click to add
Results

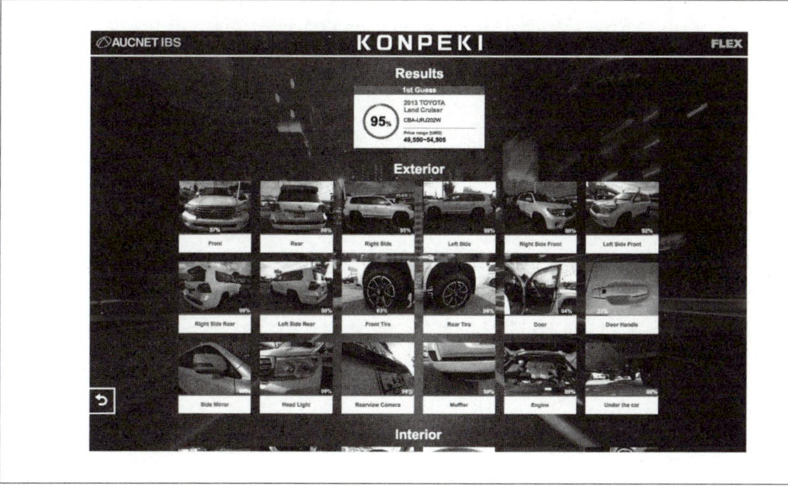

AUCNET IBS
KONPEKI
FLEX
Results
1st Guess
2013 TOYOTA
Land Cruiser
CBA-URJ202W
95%
Price range (USD)
49,550~54,505
Exterior
Front
Rear
Right Side
Left Side
Right Side Front
Left Side Front
Right Side Rear
Left Side Rear
Front Tire
Rear Tire
Door
Door Handle
Side Mirror
Head Light
Rearview Camera
Muffler
Engine
Under the car
Interior

오크넷 IBS가 이 시스템을 개발할 수 있었던 것은, 지금까지 경매에 나온 수많은 중고차 이미지 데이터를 보유하고 있었기 때문입니다. 오크넷 플랫폼에는 연간 약 500만 대의 중고차가 등록되고 있다고 합니다.

실제로 거래에 이용된 데이터이기 때문에, 모델 번호가 포함된 정확한 데이터가 갖추어져 있다는 점이 특징입니다. 이러한 데이터를 학습시켜서 판별 모델을 만들었습니다.

오크넷 IBS의 클라우드 사업 개발부 총괄 GM인 쿠로야나기 타메유키 씨는 다음과 같이 설명했습니다.

> "자동차의 부위를 인식하려면, 부위별로 최소 50장 정도의 사진이 필요합니다."

30개 부위를 식별하지만, 내부적으로는 10개 부위를 더 식별하므로 총 40개 부위를 식별합니다. 즉, 1개의 모델별로 2,000개의 이미지가 필요한 것입니다. 또한, 모델까지 알아내려면 더 많은 이미지가 필요합니다.

모델은 오른쪽 사선에서 찍은 사진, 왼쪽 사선에서 찍은 사진으로 알아냅니다. 자동차 업계에서 가장 전통적인 구도여서 찍혀 있는 사진의 수가 많기 때문입니다.

이 사진으로 모델을 알아낼 수 있게 학습시키는 방법에 대해 쿠로야나기 씨가 설명했습니다.

> "오른쪽 사진이나 왼쪽 사진을 사용하지만, 때로는 양쪽 모두가 필요한데, 총 200장의 사진이 필요합니다."

많은 양의 자동차의 이미지를 보유하고 있는 회사이기 때문에 구현할 수 있었던 것입니다. 개발 초기에는 반년 정도에 걸쳐 소형차의 이미지를 학습시키는 실증 실험을 했습니다. 쿠로야나기 씨는 말했습니다.

"어느 정도 쓸만하다고 판단되어, 그룹의 자회사인 플렉스에 도입하기 위해 정확도를 높여 나가기로 했습니다."

처음 도입한 회사가 플렉스가 된 것에는, 그룹의 자회사였던 것 외에도 의외의 이유가 있었습니다. 랜드 크루저(주: 토요타의 SUV)와 하이에이스(주: 토요타의 승합차) 전문점이었던 것입니다.

"두 브랜드는 발매된 모델의 수가 적습니다. 다 합쳐도 130개 정도여서 훈련 데이터로 사용할 이미지의 양이 적었습니다."

쿠로야나기 씨는 시행착오를 반복하여 얻은 정밀도에 대해 말했습니다.

"각 차량의 모델별 학습 이미지가 충분하면, 차량 모델의 인식 정확도가 95% 이상에 달합니다. 충분히 실용적인 수준에 도달했다고 자부합니다."

플렉스에서 취급하는 랜드 크루저와 하이 에이스의 30% 모델에 대해서는 충분한 양의 이미지를 확보하여 정밀도가 실용 단계에 달했다고 합니다(2016년 하반기 시점).

나머지 70% 모델에 대해서도 학습을 진행하고 있으며, 데이터를 보다 확보하게 되면, 충분한 정밀도를 얻을 수 있다고 합니다.

쿠로야나기 씨는 정밀도를 효율적으로 올리는 방법에 대해, 자동화가 중요하다고 말합니다.

> "GCP에 올라간 시스템이 매일같이 이미지 데이터를 자동으로 취합해서 학습합니다.
> 학습한 결과, 인식률이 10% 미만이거나 임계 값 이하일 경우, 전날보다 정확도가 낮은 경우에는 학습 결과와 원본 데이터를 버립니다.
> 사람이 눈으로 확인해서는 정밀도가 올라가지 않기 때문이지요."

또한, 쿠로야나기 씨는 머신러닝 플랫폼에 대해서도 언급했습니다.

> "2016년 9월 하순에 베타 공개된 구글의 머신러닝 플랫폼인 클라우드 머신러닝을 알파 버전 때부터 사용하고 있습니다.
> 모델 130개×40부위×평균 30장(정확성을 보장하는 사진의 양인 50장보다 적은 모델도 있기 때문), 총 15만 6,000장 정도의 이미지로 학습을 시켰습니다. 이때, 100코어의 CPU를 동원하여 병렬로 처리했습니다.
> 그 결과, 기존에 28시간이 걸렸던 학습시간을 20분 정도로 단축할 수 있게 되었습니다."

이 또한 순조로운 머신러닝의 원동력이 되었던 것입니다.

딥러닝은 입력 이미지에서 최종 결과가 나오기까지의 과정을 확인하기가 어렵습니다. 그래서 이 수준에 도달하기까지엔 어려움도 많았다고 합니다.

쿠로야나기 씨가 에피소드를 소개했습니다.

"처음에는 무려, 자동차의 핸들이 오른쪽에 붙어있는지 왼쪽에 붙어있는지 조차 구분할 수가 없었습니다. 사람이라면 누구나 알아볼 수 있는 것이라고 해서 딥러닝도 쉽게 알아볼 수 있는 것은 아닙니다.

구글에서 조언을 구해보기도 하고, 학습 이미지를 흑백으로 만들어 보기도 하고, 이미지 크기를 절반으로 줄여보기도 했습니다. 그렇게 3개월 정도는 다양한 시행착오를 반복했습니다."

마지막에는 비법을 쿠로야나기 씨가 가르쳐 주었습니다.

"이미지를 90도 회전시켜서 겨우 구분을 할 수 있게 되었습니다."

앞으로는 소형차와 같은 다양한 자동차의 이미지도 학습시켜서 모델 번호를 판별할 수 있는 차종을 늘리고, 플렉스 이외의 중고차 딜러도 사용할 수 있게 만들 계획이라고 합니다.

중고차 거래 활성화에 기여

오크넷 IBS의 사장인 스즈키 코타로 씨는 이 시스템의 의의를 이렇게 설명했습니다.

"소비세가 올라가면 자동차 C2C(소비자간 거래)가 활성화되리라 예상합니다. 사진을 찍기만 해도 차량의 모델을 확인할 수 있게 되면, 매매에 필요한 중고차 정보의 80~90%가 입력되는 셈이므로 등록이 편해집니다. 향후의 중고차 유통시장 흐름의 변화를 유추해 보았을 때, 꼭 필요한 시스템입니다."

쿠로야나기 씨는 이러한 활용법을 예측했습니다.

"모델뿐만 아니라 옵션 장비 등도 인식할 수 있게 되면, 주유소나 패밀리 레스토랑 등에서 촬영한 사진을 바탕으로 바로 중고차 시장에 올릴 수 있게 됩니다."

가격까지 추산할 수 있게 되면, 중고차 거래 활성화에 크게 기여할 수 있을 것입니다.

오크넷은 명품의 경매 사업도 다루고 있어서, 딥러닝을 사용한 화상 인식은 진품 여부를 판단하는 용도로 활용할 가능성이 있다고 합니다. 단순히 업무 효율성의 향상에 그치는 것이 아니라 새로운 비즈니스를 여는 기초기술이 될지도 모릅니다.

콘페키는 선구자적인 성과를 높게 평가받아, 구글이 2016년 9월 미국 샌프란시스코에서 개최된 클라우드 기술자 콘퍼런스에서 선을 보였습니다. 그리고 오크넷 IBS는 같은 해 10월에는 콘페키를 공개했습니다.

딥러닝을 활용하여 회사의 기술력은 물론, 새롭게 활용하기 시작한 빅데이터를 폭넓게 어필해 나가고 있습니다.

4-3. 드론을 항공 촬영에 활용하는 에어로센스

하늘을 나는 드론이 촬영하는 이미지의 분석에 딥러닝 기술을 적용하는 도전이 시작되고 있습니다. 드론(자율 무인 항공기)과 클라우드 서비스를 결합한 솔루션을 제공하는 에어로센스(도쿄도 분쿄구)가 그 주인공입니다.

에어로센스는 소니와 로봇을 공동으로 개발하는 ZMP(도쿄도 분쿄구)가 함께 출자한 회사입니다. 무인 항공기를 사용한 토목 측량 등의 솔루션을 제공합니다.

에어로센스는 2가지 영역에 딥러닝을 활용하고 있습니다. 하나는 드론을 사용하여 상공에서 시설을 관리하는 일이며, 다른 하나는 무인 항공기를 사용하여 측량할 때 사용하는 위치 확인용 표식을 개발하는 일입니다.

이 모두가 건축과 토목, 모니터링, 농업, 물류 등 드론을 활용한 다양한 산업용 솔루션에 대한 공헌하리라 기대되는 기술들입니다.

적은 양의 훈련 데이터로 자동차의 대수를 감지하는 시스템을 구축

무인 항공기를 이용한 설비 관리를 할 때의 효율성 향상에 대해 에어로센스 클라우드 서비스 부장인 코바야카와 토마키 씨는 이렇게 설명합니다.

> "시설 관리 솔루션으로써는 자재 적재소의 재고 관리와 풍력 발전용 풍차의 블레이드 파손 상태 등을 점검합니다.
>
> 드론을 사용하여 항공 촬영한 이미지를 바탕으로 자재의 갯수와 블레이드의 손상 여부 등을 맨눈으로 확인하는 작업은 대단한 수고가 필요한 일입니다.
>
> 이미지를 인식하여 자동으로 자재의 수량을 측정하고 이상을 감지할 수 있다면 업무 효율성 향상에 도움이 됩니다"

인공지능과 빅 데이터 활용 부문을 담당하는 브레인 패드와 함께 딥러닝 기술을 적용하기 위해 실험을 시작했습니다.

그 결과물로, 두 회사는 딥러닝을 활용하여 공중 촬영된 사진에서 주차된 자동차의 대수를 세는 솔루션을 개발했습니다.

실험의 결과부터 말씀드리면, 딥러닝이 적용된 자동차 인식 모델은 116대의 자동차가 찍혀있는 공중 촬영 사진 데이터에 122대의 자동차가 주차되어 있다는 결과를 내놓았습니다**(그림 4-3)**.

> "정확한 정답은 아니었지만, 상당한 수준의 정밀도로 자동차를 인식할 수 있다는 사실을 확인했습니다."

에어로센스가 만든 자동차 인식 모델의 특징은 처음부터 공중 촬영 사진에서 자동차를 인식하기 위한 딥러닝 전용 모델을 만든 것이 아니었다는 점입니다. 코바야카와 씨는 이렇게 설명합니다.

> "전용 모델을 만들기 위해서는 많은 양의 훈련 데이터가 필요합니다. 1만 장이라도 부족할 것입니다.
>
> 이번 실험은 기존에 있던 모델을 활용하고 약 130개 정도의 적은 양의 훈련 데이터를 사용했음에도, 상당히 높은 정밀도로 인식할 수 있다는 것을 보여 주었다는 점에 의의가 있습니다."

딥러닝 모델을 개발하는 데에는 구글의 딥러닝 라이브러리인 텐서플로(TensorFlow)를 활용했습니다.

텐서플로로 사용할 수 있는 Inception-V3라는 일반적인 이미지 인식 모델을 사용하여 이미지 데이터에서 특징량을 추출한 벡터를 작성합니다.

이 실험의 훈련 데이터로는 자동차의 공중 촬영 사진 약 130장을 사용했습니다. 특징량을 추출한 벡터를 다시 머신러닝의 일종인 SVM(서포트 벡터 머신)이 학습해서 결과를 얻는 구조입니다.

> "기존의 학습 모델을 사용하여 다른 과제를 학습시키는, 이른바 전이 학습 방법을 사용했습니다. 이번 실험에서는 전이 학습을 통해 약 130개라는 적은 이미지로도 좋은 성과를 얻을 수 있었습니다."

딥러닝으로 정밀도가 높은 모델을 만들기 위해서는 많은 양의 데이터를 학습시켜야만 합니다. 그러면 상업적으로 수지타산이 맞지 않는 경우가 많습니다. 이번 실험은 현실적인 비용으로 딥러닝을 상업적으로 활용할 가능성이 확인되었다는 점에 의의가 있는 것입니다.

▽ **그림 4-3** 드론이 촬영한 공중 촬영 이미지를 딥러닝에 활용.

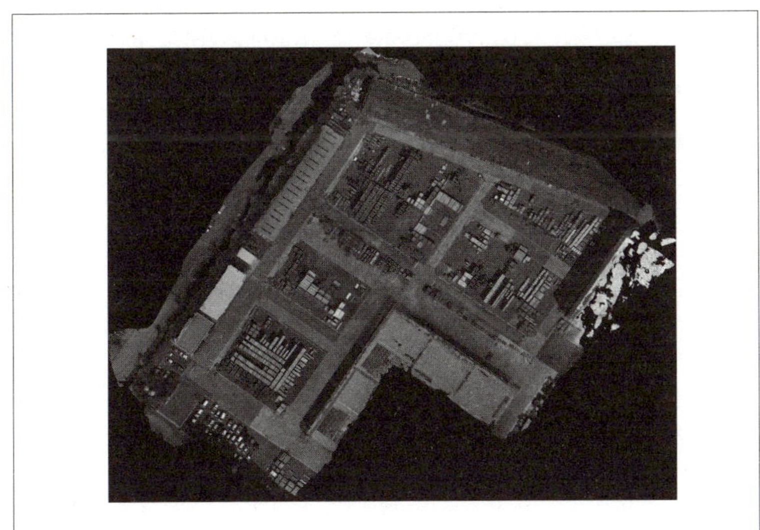

측량 효율을 높여주는 표식을 개발하다

에어로센스의 또 다른 딥러닝 활용 분야는 개발 부문입니다. 지금까지는 사람이 직접 토목측량을 해야 했습니다.

에어로센스는 드론을 이용한 공중 촬영으로 토목측량의 효율성을 높이는 솔루션을 제공하고 있습니다. 에어로센스 기술 개발부의 무라코시 쇼씨는 이렇게 설명합니다.

> "공중 촬영 사진으로는 최대 오차 10cm 이하의 3D 모델링을 할 수 있습니다. 아주 넓은 영역을 3D 모델로 만든다고 하면, 드론 외에는 방법이 없습니다."

그러나 드론을 사용한 측량에도 문제가 있습니다. 바로 공중 촬영 이미지의 절대 위치 정확도를 높이기 어렵다는 점입니다.

> "공중 촬영 사진으로 측량하려면, 어떤 위치를 촬영했는지를 정확히 알아야 합니다. 이를 위해 지상에 정확히 측량한 지점을 나타내는 표식을 설치한 다음, 공중 촬영 사진에서 마커를 찾아내어 기준점으로 삼는 방법이 있습니다."

그러나, 민수용 카메라로 수십 미터의 높은 고도에서 촬영하기 때문에 공중 촬영 사진 안에서 표식을 정확하게 식별하기 어렵다는 문제가 있었습니다.

공중 촬영 이미지로는 표식의 색상과 모양이 이상하게 찍혀버리므로 판별하기가 어렵습니다(그림 4-4).

그래서, 무라코시 씨의 개발 그룹은 공중 촬영 사진에서도 식별이 가능한 표식의 디자인을 딥러닝을 활용하여 개발하고 있습니다.

실제로 공중 촬영한 수천 장의 이미지 데이터와 색상과 모양, 디자인을 변경한 시뮬레이션용 표식 데이터를 사용하여 딥러닝을 수행했습니다.

"개발하는 입장에서는 딥러닝을 이용하여 어떤 디자인의 표식이 감지하기 쉬운지 빠르게 확인할 수 있게 되었습니다.

또한, 딥러닝을 적용하여 사람의 손을 거치지 않고 마커를 감지하는 기능도 사용자의 입장에서 검토하고 있습니다."

에어로센스는 이미지 인식에 뛰어난 능력을 발휘하는 딥러닝 기법을 도입하여 드론을 사용한 산업용 솔루션의 실용화를 추진해 나갈 방침입니다.

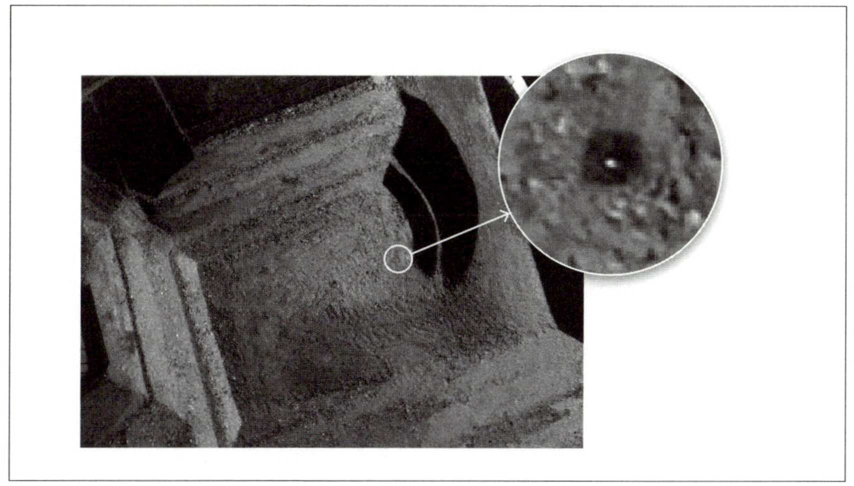

4-4. 음성 인식 API로 운항 정보를 24시간 제공하는 Peach 항공

지금까지는 자사의 데이터로 머신러닝과 딥러닝을 한 사례를 소개했습니다. 이번 장부터는 보다 간단하게 딥러닝의 힘을 활용한 사례를 소개합니다.

첫 번째 주인공은 대형 저가 항공사(LCC)인 피치 항공(Peach)입니다. 이 회사는 딥러닝이 적용된 음성 인식 기술을 활용한 운항 안내 서비스의 실증 실험을 했습니다(그림 4-5).

실험의 목적은 음성 인식 기술과 업무 효율성 기여도를 검증하는 것입니다. 실험에서는 자동 음성 대응 시스템의 전용 번호로 전화를 건 고객에게 자동 음성 대응 시스템이 출발지와 도착지를 물어보았습니다.

고객이 출발지와 도착지를 답하면, 그 음성을 인식하여 정보를 제공해야 하는 운항 노선을 확인한 다음, 해당 노선의 당일 운항 스케줄을 소개했습니다. 간사이, 나리타와 같은 약칭으로도 인식할 수 있습니다.

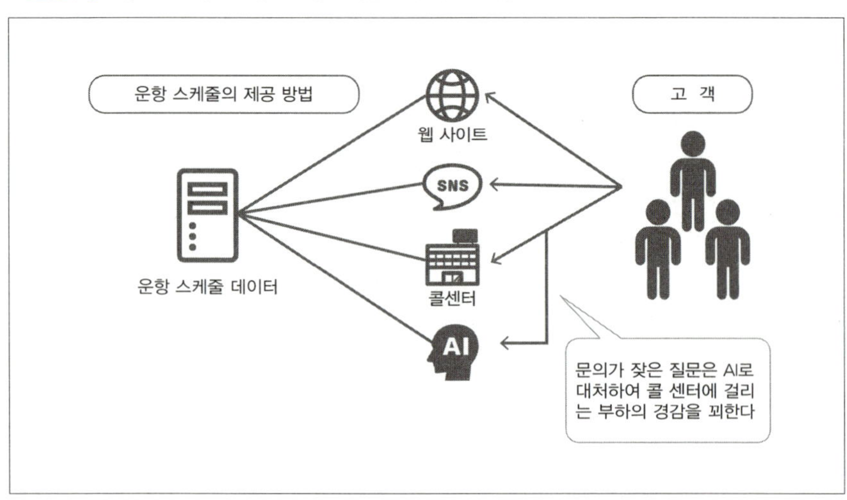

시스템 개발을 담당한 Peach 항공의 인사혁신 총괄본부 이노베이션 총괄부장 마에노 순 씨는 실험 기간의 취재에서 이렇게 밝혔습니다.

"실증 실험 안내문을 메일 매거진과 Facebook의 페이지를 통해 한 번 공지한 정도이지만, 이용 횟수가 예상보다 많았습니다. 그리고 예상한 바와 같이, (항공편 스케줄이 바뀌기 쉬운) 태풍이 부는 날 등에 이용량이 증가하고 있습니다."

실험 기간은 2016년 8월 24일부터 10월 31일까지로, IT 솔루션을 제공하는 JSOL(도쿄도 추 오구)과 공동으로 구글이 딥러닝을 이용하여 개발한 음성 인식 API인 Google Cloud Speech API 베타 버전을 이용하여 개발했습니다. 6개월 전부터 기획을 했으며, 개발 기간은 2개월 정도가 소요되었다고 합니다.

실험에는 두 가지의 목적이 있었습니다.

하나는 음성 인식 기술의 검증입니다. 고객이 말한 공항 이름의 인식률과 문의 완료율이 성과를 측정하는 KPI(핵심 성과 지표)가 됩니다.

실용성이 검증되면 고객뿐만 아니라, 사내 시스템에 음성 인식 기술을 도입하는 가능성을 탐구하려는 목적이 있었습니다.

또한, Peach의 독자적인 학습 모델을 사용한 것이 아니라 음성 인식 API를 사용했습니다. 이 API는 구글의 범용 학습 모델을 사용합니다.

다른 하나는 비용 대비 효과의 검증입니다. 저가 항공사인 이 회사는 간접 비용을 절약하기 위하여 콜 센터의 이용시간을 평일 오전 9시부터 오후 6시까지로 제한하고 있습니다.

"하지만, 고객의 불편을 계속 외면하고 있을 수는 없었습니다."

자동 응답 기능으로 24시간 대응이 가능해지면, 저비용으로 고객 만족도를 높일 수 있을 것입니다.

그래서, 인공지능 시스템이 응대한 콜 수보다 사람이 응대한 콜 수가 얼마나 줄었는지를 측정하고, 인건비와 시스템 비용 등을 고려한 비용 대비 효과를 측정합니다.

"운항 스케줄 등을 확인하는 수단과 방법은 스마트폰(웹 사이트 등)으로 옮아가는 추세를 고려하여 앞으로의 니즈에 따라 신중하게 대처하려 합니다."

실험 종료 후 마에노 씨는 느낀 바를 말해 주었습니다.

"콜 센터 운영 시간 외의 문의가 상당히 많았습니다. 시스템을 운영하는 의미가 있었습니다."

이어서 아래와 같은 결론에 이르렀다고 합니다.

"운항 스케줄을 제공하는 정도로는 기능이 충분하지 않다고 생각합니다. 보다 니즈에 부합하는 기능을 검토한 후에 출시 여부를 고려해 보겠습니다."

이번 실험에서 구글의 API를 채용한 이유는, 앞으로의 정밀도 향상에 대한 기대와 가격뿐만이 아니라 기존 시스템과의 연계에 있었습니다.

Peach 항공은 첫 비행기가 취항한 2012년 이후로 클라우드 서비스와 연계된 다양한 시스템을 개발하여 운영하고 있습니다. 그 결과, 데이터가 서비스별로 나뉘어 저장되는 문제가 발생했습니다.

이 문제를 해결하기 위해 구글의 분석용 데이터 웨어하우스인 BigQuery를 도입하여 데이터를 집계하고 있으며, 이는 각 부문에서의 데이터 분석을 가능하게 하고 있습니다.

앞으로 고객의 문의사항 데이터도 통합할 가능성을 염두에 두고, 연계가 용이한 구글의 음성 인식 API를 도입한 것입니다.

또한 Peach는 2016년 11월에는 중국 상하이 노선을 취항했습니다. 앞으로는 아시아의 고객을 늘려나갈 방침입니다. 음성 인식 기능은 다국어 지원이 쉽다는 점도 이유 중 하나였습니다.

검증 결과, 본 시스템을 본격적으로 도입한 이후에도 콜 센터의 인력 감축은 고려하지 있지 않고 있다고 합니다. 앞으로 사업이 확대될 것을 전제했을 때, 신규 인력의 채용 규모를 억제하는 효과가 있을 것으로 기대하고 있습니다.

마에노 씨는 인공지능과 직원의 역할 분담에 대해 이러한 견해를 밝혔습니다.

"운항 스케줄 안내처럼 인공지능 시스템이 할 수 있는 일은 인공지능 시스템에 맡기는 것이 좋을 것입니다 하지만 복잡한 응대에는 사람이 필요합니다."

Peach 항공의 CEO(최고 경영자)인 이노우에 신이치 씨는 항상 직원들에게 "무언가 재미있는 것을 하라"고 주문한다고 합니다.

이러한 인공지능의 활용처럼 발 빠른 도전은 사내의 다른 부서도 환영하고 있다고 합니다.

반면에 첨단기술을 비즈니스에 활용하는 방법은 아직 찾고 있는 중이라고 합니다.

독자분 중에는 이 실증 실험이 매우 간단한 메커니즘이라고 대수롭지 않게 여기는 분이 있을지도 모릅니다. 그러나, 기술을 검증하고 고객의 니즈를 확인한다는 목적을 달성하기 위해, 굳이 빠르게 구현할 수 있는 간단한 서비스를 만든 것입니다.

개척 과정에서 얻은 귀중한 데이터와 노하우를 살려서 실용화에서도 업계를 선도한다는 목표입니다.

4-5. 카드 부정 감지 시스템의 정밀도를 크게 향상시킨 미쓰이 스미토모 FG

대기업의 경우에는 회사의 다양한 업무에 인공지능을 적용하는 실증 실험을 통해 개선 효과가 큰 업무를 찾으려고 하고 있습니다.

특히 초거대은행의 경우에는 핀테크(FinTech) 분야(IT를 활용하여 새로운 금융 서비스를 만들어내는 분야)에서 스타트업 기업과의 경쟁이 심해 인공지능 활용에 적극적입니다.

초거대은행 중 하나인 미쓰이 스미토모 파이낸셜 그룹(미쓰이 스미토모 FG)의 실험을 소개하겠습니다. 이미 구체적인 성과를 낼 것으로 예상하는 분야가 신용카드의 부정 감지입니다.

미쓰이 스미토모 FG는 딥러닝을 사용하여 신용카드 부정 감지의 정확도를 높이는 실험에 착수하였습니다.

그 결과, 부정 이용이 의심되는 거래 중에서 부정 이용으로 확인된 거래의 비율을 기존의 5% 정도에서 90% 정도로 크게 높이는 데 성공했습니다.

현재의 부정 감지 메커니즘은, 먼저 카드 사용 장소와 시간, 금액 등의 매개 변수를 사람이 정한 특정 규칙에 따랐는지 확인한 후에 아래와 같은 큰 범주로 나눕니다.

(1) 정상적인 사용

(2) 부정 사용

(3) 부정 사용이 의심되는 거래

부정 사용이 의심되는 거래에 한해 사람이 직접 상점이나 이용자에게 문의하여 확인하는 방법을 사용하고 있습니다. 의심되는 거래 중의 약 95%는 문제없는 거래로, 정말로 부정 사용한 경우는 5% 정도에 그친다고 합니다.

이번에는 지난 몇 년 동안의 신용카드 이용 데이터와 딥러닝을 사용하여 부정 감지 알고리즘을 개발했습니다.

그러자, 알고리즘이 부정 사용의 의심이 있다고 분류한 거래 중에서 정말로 부정한 거래의 비율이 약 90%로 크게 향상되었습니다.

처음부터 잘못된 의심을 하는 비율이 많이 감소하여, 정상 거래와 부정한 거래를 명확하게 식별할 수 있게 되었습니다. 물론, 부정 사용을 감지하지 못한 비율이 증가한 탓은 아니라고 합니다.

부정 탐지의 정확도가 올라가면 문의 작업이 줄어들게 됩니다. 그러면, 카드 회원과 가맹점이 부정 사용을 직접 확인하는 수고를 덜 수 있습니다 [그림 4-6].

미쓰이 스미토모 은행 IT 이노베이션 추진부 등은 IT 컨설팅 업체인 JSOL(도쿄도 츄오 구)와 공동으로 구글 클라우드 플랫폼(GCP)과 딥러닝을 사용하여 검증을 실시했습니다.

IT 이노베이션 추진부 부부장인 이구치 코이치 씨는 이렇게 말합니다.

"과거의 데이터에 딥러닝을 적용하면 효과를 비교하기가 쉽습니다. 그 결과, 상당히 좋은 수치가 나와서 두려움을 느낄 정도입니다.

아직은 실험단계라 실제 업무에 적용하게 되면 또 다른 과제가 생기고 있습니다만, 효과가 있다고 판단되면 사업자와 업무부서에 제안을 하기가 쉬워질 것 같습니다."

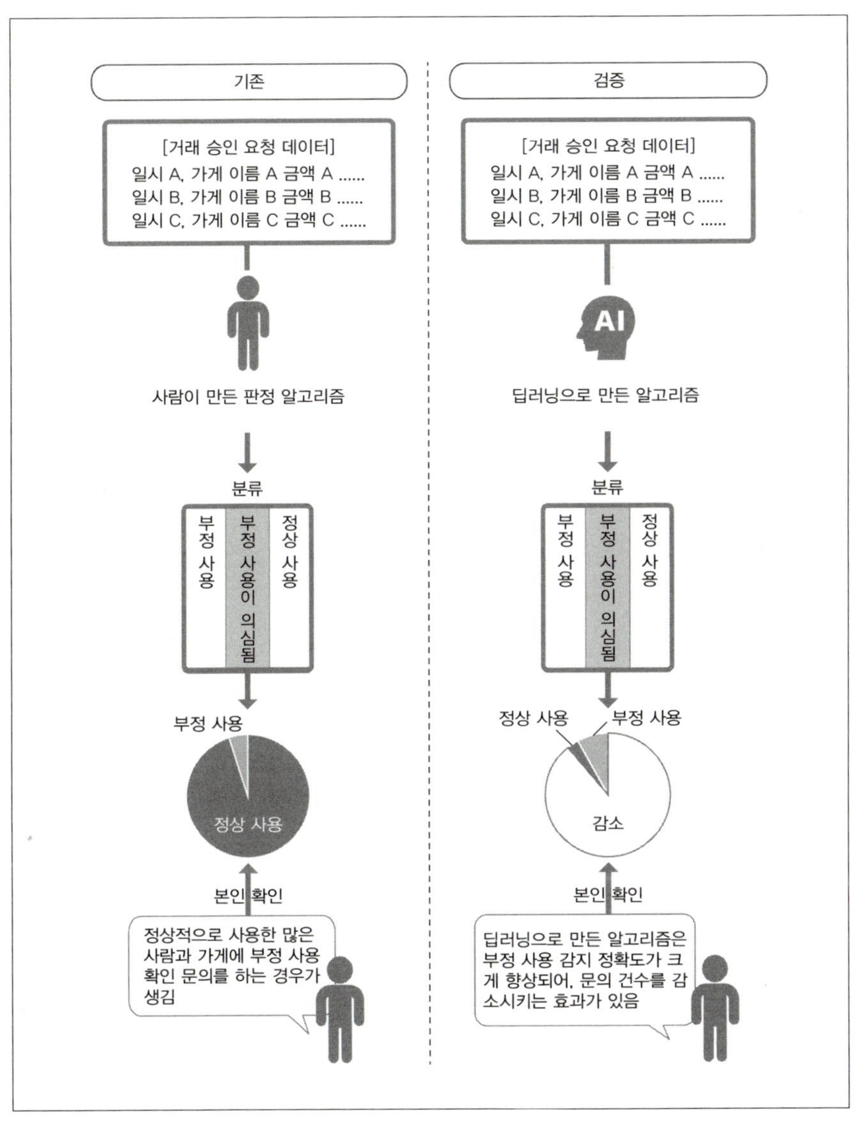

기존
검증
[거래 승인 요청 데이터]
일시 A, 가게 이름 A 금액 A ......
일시 B, 가게 이름 B 금액 B ......
일시 C, 가게 이름 C 금액 C ......
[거래 승인 요청 데이터]
일시 A, 가게 이름 A 금액 A ......
일시 B, 가게 이름 B 금액 B ......
일시 C, 가게 이름 C 금액 C ......
AI
사람이 만든 판정 알고리즘
딥러닝으로 만든 알고리즘
분류
분류
부정 사용
부정 사용이 의심됨
정상 사용
부정 사용
부정 사용이 의심됨
정상 사용
부정 사용
정상 사용
정상 사용
부정 사용
감소
본인 확인
본인 확인
정상적으로 사용한 많은 사람과 가게에 부정 사용 확인 문의를 하는 경우가 생김
딥러닝으로 만든 알고리즘은 부정 사용 감지 정확도가 크게 향상되어, 문의 건수를 감소시키는 효과가 있음

콜 센터의 모든 자리에 도입

미쓰이 스미토모 은행은 이외의 다양한 업무에도 인공지능을 활용할 가능성을 모색하고 있습니다.

시스템 총괄부 부부장인 다카하시 켄지 씨는 이렇게 설명했습니다.

"현재 진행하고 있는 인공지능의 활용은 크게 세 가지 축으로 구성되어 있습니다."

첫 번째는 안심·안전한 서비스의 제공, 두 번째는 고객 서비스 향상과 행원의 생산성 향상, 세 번째는 챗봇(자동 회화 프로그램)과 같은 새로운 고객 경험의 실현입니다.

콜 센터의 응대 품질 향상을 목적으로 미국 IBM의 왓슨(Watson)을 활용하여 실제 업무에서 이미 성과를 올리고 있습니다. 두 번째 활용 축에 해당합니다.

2014년부터 순차적으로 도입을 추진했고, 2016년 10월, 2곳의 콜 센터 300석 모두에 도입을 완료했습니다.

실제 업무에서는 왓슨이 고객의 문의사항을 해석한 다음, 답변 후보를 오퍼레이터에게 제공합니다. 실용성을 검증한 결과, 상위 5위까지의 답변 후보에 적절한 답변이 포함된 비율이 현재 90%를 넘고 있다고 합니다.

안심·안전에 인공지능을 활용한 예는 사이버 보안 대책입니다.

지금까지는 메일이나 웹을 통해 공유되는 보안 정보를 사람이 직접 확인하여 반영해 왔지만, 이제는 외부의 방대한 정보를 인공지능의 자연어 처리 기능이 유용한 보안 대책 정보만 자동으로 도출할 수 있게 만듭니다.

이때에는 FS-ISAC가 제공하는 25만 건 이상의 위협 정보 등을 활용합니다. FS-ISAC는 미국에서 비즈니스를 펼치고 있는 금융기관이 참여한 조직으로, 보안 정보 분석 결과의 공유를 목적으로 합니다.

챗봇은 일본 마이크로소프트와 공동으로 개발하고 있습니다. 마이크로소프트가 공개한 오픈소스의 딥러닝 개발 도구를 사용하여, 전체 대화의 문맥과 의미를 파악하고 질문의 추가나 대화 맥락의 변화에도 대응할 수 있는 시스템을 개발합니다.

우선 행원을 위한 조회 답변 업무에 적용하여 정밀도의 향상을 꾀하고 있으며, 고객용 서비스의 적용 가능성을 찾아가고 있습니다.

데이터는 답을 알려주지 않는다

방대한 데이터를 어떻게 활용해 나갈 것인가가 앞으로의 과제라고 이구치 씨는 말합니다.

"인공지능을 마법의 지팡이처럼 생각하기 쉽지만, 역시 사용 방법이 따로 있습니다. 무엇을 어떻게 해야 업무를 잘 할 수 있는가? 그것을 정의하여 업무 향상과 상관관계에 있는 데이터가 무엇인지를 모색해 나가야만 합니다. 데이터는 답을 알려주지 않습니다."

IT 이노베이션 추진부에서는 인공지능 활용 단계의 프레임워크화를 추진하여 각 부서에 공유하고, 인공지능 활용에 더욱 박차를 가하려고 합니다.

미쓰이 스미토모 은행은 2016년 4월에 데이터 관리 부서를 신설했습니다. 금융기관의 데이터 부문은 리스크 관리가 주 업무인 경우가 많은데, 데이터 관리부 부장 미야우치 히사시 씨는 이런 설명을 덧붙였습니다.

"데이터를 정비할 때 은행의 규제를 준수한다는 관점은 물론이거니와, 생산성을 향상한다는 관점에서도 정비하고 있습니다."

은행 계좌의 입출금과 이체, 금융 상품의 구매, 신용 카드 구매 이력과 같은 기존의 데이터는 물론, 웹 사이트와 스마트폰 앱의 로그, 콜 센터의 음성 데이터처럼 폭발적으로 늘어나는 새로운 데이터 모두를 인공지능 등을 사용한 업무개선과 고객 경험을 향상하는데 사용할 수 있는 상태로 정비해 나가고 있습니다.

이 장에서는 일본 기업들의 다양한 딥러닝 활용 사례를 소개했습니다. 다음 장에서는, 우리 회사에서 딥러닝 활용을 검토하려면 어떻게 접근해야 좋을지, 딥러닝 활용을 시작하면 어떤 부분에서 막히는지에 대해 전문가의 견해를 들어보겠습니다.

활용 프레임워크 편

데이터×목적으로 정리하고 활용 흐름도를 그리자

데이터×목적으로 정리하고 활용 흐름도를 그리자

4장에서는 기업들의 다양한 딥러닝 활용 사례를 소개했습니다.

"우리 회사에도 딥러닝을 도입하고 싶습니다. 하지만, 도대체 어디부터 손을 대야 할까요?"

그래서, 지금까지 총 500여 개 회사에 딥러닝을 비롯한 데이터 활용 컨설팅을 해 온 브레인 패드의 기술 및 소프트웨어 개발본부 플랫폼개발 부장, 시모다 미치히로 씨께 이야기를 들어보았습니다.

브레인 패드는 기업의 데이터 분석을 대행하는 애널리틱스 사업으로 출발한 회사입니다. 추천 광고나 타게팅 광고와 같은 디지털 마케팅 영역에서 자체 개발한 서비스를 제공하는 마케팅 플랫폼 사업과 데이터 분석 환경과 도구를 제공하는 솔루션 사업 등 총 3개의 사업을 펼치고 있습니다.

시모다 씨는 한마디로 '데이터 활용으로 고민하는 고객의 고민을 해결하는 회사'로 정의하고 있었습니다.

2004년에 창업한 이래, 초창기부터 고객에게 머신러닝의 활용을 제안해 왔지만, 사회적으로 머신러닝의 성과에 따른 인식이 퍼져 기업 고객의 이해가 깊어지기 시작한 2015년경부터 특히 딥러닝에 대한 기대감이 빠른 속도로 높아지고 있다고 합니다.

　그래서 2016년부터는 기업 고객과 함께 작업한 최신 딥러닝 활용 사례를 적극적으로 공개하고 있다고 합니다(기업 고객에는 4장에서 소개한 에어로센스와 뒤에 나오는 큐피 등이 있습니다).

　브레인 패드는 데이터 활용 전문 기업으로서 구글의 Vision API와 같은 표준 딥러닝 서비스만으로는 해결할 수 없는 과제를 고객으로부터 직접 의뢰를 받거나 구글과 같은 IT 기업의 소개로 의뢰를 받고 있습니다.

　의뢰받은 과제를 해결하기 위해 대부분의 경우에는 소규모 PoC(개념 증명)를 실시합니다. 그 속에서 딥러닝 기술자와 기존 시스템과의 연계 작업을 하는 엔지니어, 비즈니스 담당자 등 다양한 입장의 사람들과 함께 작업하기 위해, 딥러닝 활용을 둘러싼 현상을 객관적으로 파악하려 노력하고 있습니다.

　또한, 이 회사는 2016년 10월에 IT 솔루션 업체인 JSOL(도쿄도 츄오구)과 함께 주최 기업으로서 구글이 오픈소스화한 머신러닝 라이브러리인 텐서플로(TensorFlow) 사용자 그룹을 시작했습니다.

　같은 해 12월 하순에는 참가자가 1,500명을 넘었으며, 지금까지 실시한 5번의 이벤트에는 매번 정원 160명 규모의 장소에 160명 이상의 사람들이 대기자 명단에 올라가는 성황을 보인다고 합니다. 딥러닝에 관한 관심과 열기가 느껴집니다**(그림 5-1)**.

　설명이 길어졌습니다만, 이러한 모습으로 딥러닝과 텐서플로의 활용에 깊게 관여해 온 시모다 씨께서 딥러닝 활용을 위한 조건을 정리해 주셨습니다.

5-1. 데이터×목적에 따른 정리법

시모다 씨는 딥러닝의 활용 방법을 정리할 때 활용 목적과 학습에 이용하는 훈련 데이터가 중요하다고 강조했습니다.

이제는 딥러닝의 활용법이 빠르게 퍼지고 있기는 하지만, 여전히 업종이나 업무별로 활용법을 정리하기는 어렵다고 합니다.

딥러닝의 활용 목적은 다음과 같습니다.

(1) 비용 절감

(2) 부가가치를 높여 새로운 비즈니스 기회를 창출할 것

(3) 크리에이티브성을 높일 것

한편, 사용하는 데이터는 다음과 같습니다 **(그림 5-2)**.

(1) 이미지

(2) 텍스트

(3) 음성

(4) 센서

이미지 데이터는 이미 연구된 성과물이 많다

먼저 설명하기 쉬운 데이터부터 하나씩 설명해 보겠습니다. 현시점에서 가장 먼저 사용을 검토하는 데이터는 다음과 같습니다.

(1) 그림

(2) 텍스트

그 이유는 연구된 성과물이 나와 있다는 점과 이미 많은 기업들이 데이터를 가지고 있다는 점입니다. 시모다 씨는 말합니다.

"이미지에 대해서는 이미 기업 고객이 어느 정도 기술을 이해한 상태에서 우리 사업에 이렇게 적용할 수 있지 않겠느냐 라는 생각을 가지고 상담을 하러 오는 경우가 많습니다."

실제로 4장에서 소개한 일본 기업의 활용사례 대부분은 이미지 데이터를 사용한 것이었습니다. 최근에 챗봇(Chatbot)이 주목을 끌고 있는 이유는 기업이 많은 양의 텍스트 데이터를 보유하고 있기 때문이기도 합니다.

챗봇이란, 웹 사이트나 메신저 앱을 통해 고객의 문의사항 등에 대해 자동으로 적절한 대답을 하는 일종의 프로그램을 뜻합니다. 시모다 씨가 챗봇에 대해 잠시 설명했습니다.

"예전부터 애플의 시리 등으로 친숙한 영역이었지만, 일본 마이크로소프트가 제공하는 린나처럼 자연스레 잡담하는 챗봇이 등장한 이후로는 보다 큰 가능성을 느끼신 분들이 많아졌습니다."

이 분야도 활용 사례가 등장한 이후로는 상담이 늘었다고 합니다. 활용 용도를 상상하기가 쉬워졌다는 점도 이유가 될 것입니다.

시모다 씨의 설명 중에 잠시 등장하는 린나(Rinna)는 LINE의 공식 계정으로 등장한 인공지능이며, 여고생을 모티브로 했다고 합니다.

시리와 같은 일반 챗봇은 고객의 궁금증을 빠르게 해결하는 것이 목표인데 반해, 린나는 대화를 오래 지속하는 것을 목표로 설계되어 있다는 것이 독특한 점입니다. 편의점 체인인 로손(Lawson)이 LINE 공식 계정에서 린나의 기술을 활용하고 있습니다.

챗봇에 관심을 가지는 기업에는 챗봇을 통해 고객과 상호 작용을 일으켜 타사에는 없는 기능이나 서비스를 제공하고자 하는 니즈가 있다고 합니다. 앞서 언급한 목적 중에서 2개의 항목에 해당합니다.

(2) 부가가치를 높여 새로운 비즈니스 기회를 창출할 것

(3) 크리에이티브성을 높일 것

단, 이 두 개의 목적을 깊게 파고들어 가다 보면 얼마나 투자해 나갈 것인가, 어떻게 투자비용을 회수해 나갈 것인가에 대한 청사진이 없는 기업이 대다수입니다.

그러면, 자체 연구개발까지 할 수 있는 경우를 제외하고는 결국 프로젝트로 실현되기가 어려운 것이 현실이라고 합니다.

음성도 딥러닝 기술을 활용하는 주요 분야 중 하나입니다. 음성 인식과 음성 합성 등에 사용합니다.

한편, 기업이 보유한 음성 데이터는 일반적으로 콜 센터의 응답 데이터입니다. 콜 센터에서의 활용 방법은 주로 두 가지 패턴이 있습니다.

콜 센터에서 자동응답을 하는 경우와, 상담원의 응답 품질 향상을 위해 상황을 판단하는 경우입니다. 시모다 씨는 이렇게 설명합니다.

> "콜 센터의 대응은 전형적인 부분이 많기도 하고, 룰 베이스의 인공지능이 제안하는 응답을 선택하기만 해도 대응할 수 있는 상황이 많습니다. 따라서 딥러닝으로 처리할지의 여부는 신중하게 생각해 볼 필요가 있습니다."

실제로 IBM의 인지형 컴퓨터인 왓슨을 사용한 사례가 많은 분야입니다. 왓슨은 자연어 처리 기술과 머신러닝 기술을 통해 설명서와 FAQ, 판례, 진단 기록 원본과 같은 대량의 비정형 데이터로부터 통찰을 얻을 수 있다는 점이 장점으로 꼽힙니다.

시모다 씨는 이 분야에서 딥러닝의 가능성도 언급했습니다.

> "상담원의 응답 품질 향상을 위해 상황을 판단하는 일이라면 딥러닝으로도 가능성이 있습니다."

다만 넘어야 할 장벽이 있다고 합니다.

"콜 센터의 음성 데이터는 고객과 대화한 텍스트 내용만으로 충분하지 않습니다. 상담원의 답변이 고객에게 어떤 의미로 받아들여졌는지를 평가 대상으로 하지 않으면 의미가 없습니다. 예를 들어, 같은 답변이라도 목소리의 톤에 따라 의미가 달라지는 부분이 어려운 점입니다."

즉, 손님이 '알았습니다'라고 답을 했더라도, 진심으로 이해해서 그렇게 말하고 있는 것인지, 불만을 감춘 상태에서 말하고 있는 것인지의 여부는 음성을 텍스트로 풀어낸 데이터만으로는 파악할 수 없습니다. 그러한 데이터에 태그를 붙여서 평가하는 과제가 남아있다고 합니다.

다만, 콜 센터는 대규모 노동 집약적인 업무이기 때문에 상당한 비용을 들여서라도 높은 품질을 갖추고 싶다는 니즈가 기업들 사이에서도 높은 것 같습니다. 콜 센터의 기능을 챗봇으로 이행하는 상황도 염두에 두고 생각해 보면, 딥러닝의 활용은 큰 잠재력을 가지고 있습니다.

마지막 데이터 유형으로 언급한 센서는, 주로 기기의 이상 감지와 가동 상태를 시각화하는 용도로 사용합니다.

"영국의 딥마인드가 실현한 구글 데이터 센터의 전력 절감 사례가 좋은 예입니다."

라고 시모다 씨가 소개해 주었습니다(더 자세한 내용은 3장에서 소개하고 있습니다).

IoT(사물인터넷) 관련 장비와 통신 비용이 저렴해져서 센서로부터 정보를 수집하는 비용도 저렴해졌습니다. 시모다 씨는 이렇게 지적했습니다.

"단, 하나하나의 센서로부터 얻을 수 있는 정보의 파괴력이 미약합니다."

구글의 데이터 센터와 스마트 시티, 스마트 빌딩과 같은 프로젝트라면 데이터를 대규모로 수집하는 만큼 전력 절감과 효율화의 효과도 크지만, 소규모 PoC를 실시하는 정도로는 큰 효과를 기대하기가 어렵습니다.

각각에 장단점은 있지만, 이미지와 텍스트, 오디오, 센서, 이 4가지 요소를 중심으로 많은 양의 데이터를 보유하고 있다면, 딥러닝의 활용을 검토할 가치는 있을 것입니다.

만약에, 활용 목적이 명확하고 그에 필요한 데이터를 판별할 수 있다면 지금 가지고 있는 데이터가 없더라도 직원의 기술과 지식을 데이터로 만들거나, 외부의 힘을 빌려 데이터를 새로 만드는 방법도 있습니다.

우선은 비용 절감 목적으로 접근해 나가는 것이 현실적

단순히 데이터만 많이 있으면 좋은 것이 아닙니다. 당연하겠지만, 무엇보다도 기업에서 해결하고자 하는 과제와 활용하려는 목적이 우선시되어야 합니다.

그 목적에 맞는 데이터가 필요합니다. 활용 목적을 다시 정리해 보면, 다음 3개의 항목으로 분류할 수 있습니다.

(1) 비용 절감

(2) 부가가치를 높여 새로운 비즈니스 기회를 창출

(3) 크리에이티브성의 향상

회사에서 딥러닝 활용을 고려할 때 기존의 데이터와 인력으로 연구개발을 진행할 수 있다면, 이 세 가지 목적을 혼연일체의 상태로 검토할 수 있습니다.

반면에, 인공지능의 활용을 추진할 수 있는 인재가 없어서 브레인 패드와 같은 외부 기업에 의뢰하는 경우에는, 많은 기업이 컨설팅을 진행하는 도중에 비용 대비 효과가 확실한 비용 절감에 딥러닝을 적용하는 방향으로 진행하고, 부가가치 향상 등의 목적은 다음 단계의 과제로 남기는 결론에 이르는 것이 현실이라고 합니다.

참고로, (1)번 목적과 (2)번 목적은 기존의 머신러닝에서도 주목을 받았었지만, (3)번의 크리에이티브성 향상은 딥러닝 특유의 기대치라고 합니다. 사진을 유명 화가의 화풍으로 재탄생시키거나 음악을 작곡하고 소설과 기사를 작성하는 연구는 이미 시작되고 있습니다.

비즈니스 현장에서도 사람과 유사한 지적 능력을 기대하고 있는 것 같습니다.

(1)번 목적인 비용 절감 목적으로 딥러닝을 도입하는 경우의 이야기를 이어가 보겠습니다.

이 경우는 사람의 노동을 기계로 대체하는 것이 일반적인 비용 절감 방법입니다. 그러나 사람을 기계로 대체하는 것은 간단하지 않습니다.

시모다 씨는 말합니다.

"소규모 PoC에 소요된 비용과 기존의 인건비 기반의 비용을 비교해 보아도 단기적인 관점에서는 딥러닝이 효과적인 경우가 많지 않습니다."

그 이유를 시모다 씨가 설명해 주었습니다.

"파트 타이머의 작업은 간단한 '반복작업' 이라고들 하지만, 그것을 기계에게 시키려면 매우 까다로운 고도의 의사 결정과 판단이 수도 없이 필요합니다. 그것을 인공지능으로 고스란히 뛰어넘는 일은 생각보다 어려운 작업입니다."

일정 수준에 도달한 고도의 인공지능을 개발하는 비용과 저렴한 인건비를 단순히 비교하기만 해서는 수지타산이 맞지 않는 것입니다.

하지만 시모다 씨는 또 다른 관점에서 사람의 노동력은 '품질이 일정하지 않다', '장시간 근무가 불가능하다'는 점을 계산에 넣어야 한다고 강조합니다. 인공지능은 일정한 품질로 24시간 일합니다.

브레인 패드는 식품업체인 큐피의 공장에서 이물질의 혼입 감지와 불량품을 감지하는 작업을 딥러닝이 적용된 이미지 분석으로 도운 이력이 있습니다. 원재료에 포함된 것이지만 제품에 필요하지 않은 이물질이 섞여 있는지를 확인하는 작업을 큐피에서는 사람이 맨눈으로 하고 있었습니다.

그것을 인공지능을 활용하여 발견 정확도를 높일 수 있다면, 안심과 안전이라는 품질 가치를 더욱 향상함과 동시에 수작업으로 인한 부담을 줄일 수 있지 않을까 생각했습니다.

이러한 공장에서의 작업은 경험이 많은 A씨가 우수한 판단을 한다 해도 24시간 동안 일할 수는 없으며, 신입 직원인 B씨가 A씨와 같은 수준에 도달하려면 상당한 시간이 걸릴 것입니다.

하지만, 인공지능이 한번 A씨와 같은 수준에 도달하면 24시간 균일한 품질로 계속 판단을 할 수 있으며, 제2, 제3의 A씨가 되어 다양한 곳에서 활약할 수 있습니다.

PoC로 구한 작은 실험 결과를 실제 비즈니스 현장으로 확대했을 때 어떤 일이 일어날지 객관적으로 판단하기란 쉽지 않습니다.

단, 투자 대비 효과를 산출할 때에는 이러한 시스템 개발 비용과 인건비만 고려하는 것이 아니라, 작업 품질, 가동 시간과 같은 요소들을 모두 포함하여 생각할 수 있어야 합니다[그림 5-3].

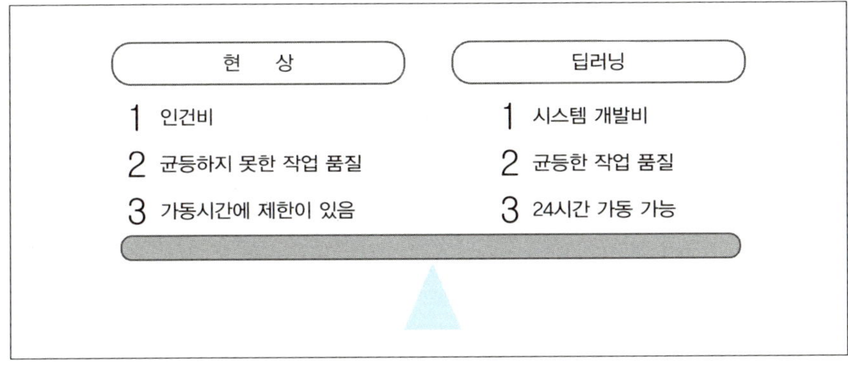

비용 절감이 목적이 아니어도, 즉 부가가치의 향상과 크리에이티브성에 기여하는 것을 목적으로 둔 경우에도, 기존 사업의 비용 절감에서 출발하는 편이 추진하기가 쉽다고 시모다 씨는 조언해 주었습니다.

하지만, 만약 단계적으로 접근할 때에는 너무 시간을 들이면 안 된다고 합니다. 딥러닝을 도입하여 회사 내의 분위기가 고조되어 모든 업무에 도입을 검토하는 상황이 되었다고 가정해 보겠습니다.

그 후에 도입이 가능한 업무부터 차례차례 실행 단계로 이행해나가면 좋겠지만, 검토 기간이 너무 길어지게 되면 기존 업무의 단순한 대체재에 그치는 경우가 많다고 합니다.

시모다 씨는 이렇게 설명했습니다.

"딥러닝을 마법의 지팡이로 기대해도 곤란하지만, 특정한 업무에 적용하면 끝이라는 식의 사고방식도 곤란합니다. 단기적인 목표만 달성하려 하거나, 자신이 담당하는 업무의 개선만 생각해서는 딥러닝의 잠재력을 충분하게 활용할 수 없습니다."

중요한 것은 딥러닝처럼 머신러닝이 적용된 시스템 개발은 기존의 시스템 개발과는 다르다는 인식을 가지는 것입니다.

일단 스펙이 결정되면 그 범위를 벗어나지 못한다는 기존의 시스템과는 다르게 전용(轉用: 예정되어 있는 곳에 사용하지 않고 다른 데로 돌려서 씀)이 가능하다는 점이 딥러닝의 묘미입니다.

5-2. 성공에 필요한 상식과 인력의 전환

딥러닝 기술은 원래 전용이 가능하다는 특징이 있습니다.

4장의 에어로센스의 사례에서도 설명했지만, 구글이 오픈소스로 개발하고 있는 머신러닝 라이브러리인 텐서플로에는 구글이 제안한 범용 이미지 인식 모델인 Inception-v3가 들어 있어서 쉽게 사용할 수 있습니다.

Inception-v3는 피사체를 1,000종류로 분류할 수 있습니다. 이 모델에 특정 분야의 훈련 데이터를 추가로 학습시키면 그 분야에 대해 더 자세히 식별할 수 있게 될 것입니다.

이 기술을 전이학습이라고 부릅니다.

에어로센스의 경우, 항공 촬영한 다양한 상태의 자동차 이미지 데이터를 100장 정도 추가하여 학습시켰습니다. 기존에도 같은 일을 할 수 있는 가능성이 있는 이미지 처리 시스템이 있었지만, 피사체가 바뀔 때마다 처음부터 다시 개발해야 했습니다.

피사체가 바뀌더라도 새로운 데이터를 학습시키기만 하면 다른 용도로 활용할 수 있는 딥러닝의 적응력에 거는 기대가 크다고 합니다.

활용 흐름도를 그릴 수 있는가?

"비즈니스의 모든 영역에서 딥러닝을 활용하면 무슨 일이 일어나고, 그다음에는 무엇이 기다리고 있을까요?

점과 점을 연결하여 선을 만들고, 선과 선을 이어 면으로 만들어 가십시오."

시모다 씨는 전이학습을 전제한 딥러닝의 활용을 검토하려면 활용 흐름도를 어떻게 그릴 지가 중요하다고 말합니다.

프로젝트의 첫걸음은 비용 절감을 목적으로 한 PoC 실시로 시작하고, 비즈니스 현장에서 활용할 수 있다는 전망이 보이면 새로운 고객 경험과 크리에이티브성 향상으로 이어갈 수 있는지 검토를 진행하는 것이 좋습니다.

머신러닝 모델의 전용을 쉽게 상상할 수 있도록 시모다 씨가 가상의 예를 하나 설명해 주었습니다.

> "어떤 의류 관련 회사가 의류 이미지 데이터를 많이 보유하고 있고, 그 이미지들을 정리하기 위해 옷의 종류를 구분할 수 있는 학습 모델을 딥러닝으로 만들었다고 가정해 보겠습니다.
>
> 이 자체는 이미지 정리 업무의 효율성을 향상하는 프로젝트가 될 것입니다. 장기적으로는 이 학습 모델로 패션의 멋짐 정도를 점수로 환산하는 학습 모델을 만들 수도 있을 것이며, 패션 트렌드를 파악하는 학습 모델을 만들 수도 있을 것입니다."

이 학습 모델을 통해 다음 시즌에 생산할 의류 디자인에 참고하거나, 소비자 개인에게 패션을 제안하는 스마트폰 앱으로 제공할 수 있게 되면, 새로운 비즈니스가 탄생할 수도 있을 것입니다.

4장에서 소개한 오크넷 IBS는 이러한 학습 모델의 전용을 염두에 두고 있었습니다.

처음에는 특정한 차종만 취급하는 중고차 딜러들에게 공급하기 위한 사진 분류 시스템을 구축합니다. 그 다음에는 다양한 차종을 식별할 수 있는 학습 모델을 만들어서 다른 대리점에서도 사용할 수 있게 합니다.

이 학습 모델을 바탕으로 자동차 옵션 장비까지 인식할 수 있는 자동차 평가 모델을 개발하고, 한발 더 나아가 명품과 같은 자동차 외의 이미지를 인식하는 학습 모델을 만든다는 구상을 하고 있었습니다.

이처럼 업무 효율화에서 출발하여, 새로운 고객 경험을 창조하고 다른 사업으로의 확대를 구상할 수 있는 것이 좋은 예가 될 것이라고 시모다 씨는 지적합니다(그림 5-4).

실제로 딥러닝을 도입하고자 하는 회사에서 다음 세 가지 측면에서 따져보면, 기업이 진행할 수 있는 딥러닝 프로젝트는 손으로 셀 수 있을 만큼 적다고 합니다.

(1) 비즈니스 현장에 딥러닝을 적용할 수 있는가?

(2) 학습시킬 데이터를 보유하고 있는가?

(3) 보유한 데이터가 딥러닝에서 활용할 수 있는 부류인가?

시모다 씨는 강조합니다.

"그렇다면, 어쨌든 도전해보는 것이 중요합니다."

▼ 그림 5-4 한번 만들어진 딥러닝 모델을 다양한 영역으로 확장하는 흐름도

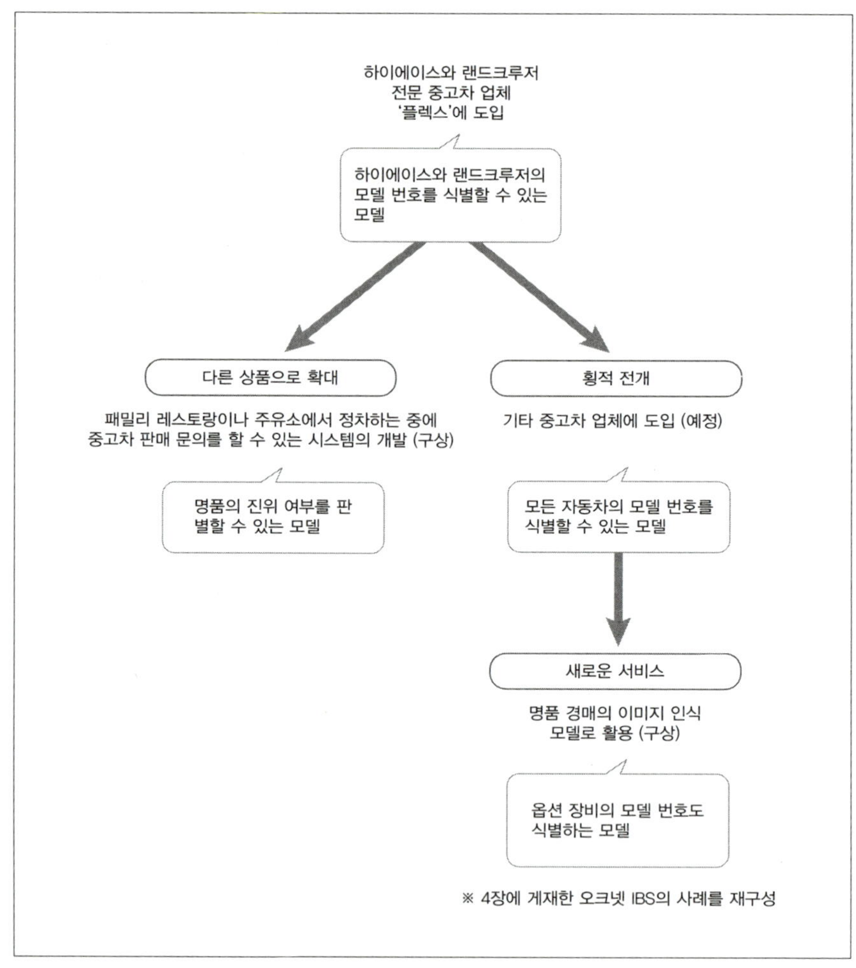
하이에이스와 랜드크루저
전문 중고차 업체
'플렉스'에 도입

하이에이스와 랜드크루저의
모델 번호를 식별할 수 있는
모델

다른 상품으로 확대

횡적 전개

패밀리 레스토랑이나 주유소에서 정차하는 중에
중고차 판매 문의를 할 수 있는 시스템의 개발 (구상)

기타 중고차 업체에 도입 (예정)

명품의 진위 여부를 판
별할 수 있는 모델

모든 자동차의 모델 번호를
식별할 수 있는 모델

새로운 서비스

명품 경매의 이미지 인식
모델로 활용 (구상)

옵션 장비의 모델 번호도
식별하는 모델

※ 4장에 게재한 오크넷 IBS의 사례를 재구성

실제로 딥러닝 프로젝트를 진행하게 되면, 기업에서는 검토를 전담하는 기획단을 꾸려서 사내 데이터의 정비와 과제의 도출을 진행하게 될 것입니다. 그때에는 어떤 인재가 필요할까요?

시모다 씨가 4가지의 인재상을 알려주었습니다(**그림 5-5**).

(1) 비즈니스를 앞장서서 이끄는 사람

(2) 딥러닝 기술자, 데이터 과학자

(3) 모델이 내장된 시스템을 만드는 엔지니어

(4) 비즈니스와 엔지니어, 데이터 과학자의 사이의 가교 역할을 하는 사람

∨ **그림 5-5** 딥러닝 활용 프로젝트를 진행하는데 필요한 인력

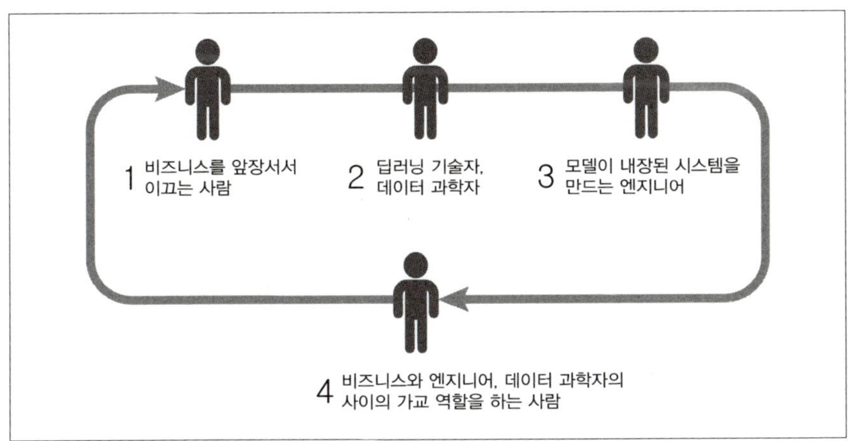

(1)은 딥러닝을 활용한 모델을 도입하는 부서의 담당자입니다. 콜 센터에 인공지능을 적용했을 때 평가해야 한다면, 이 부서의 사람들이 참여해야 합니다.

(2)는 전문직이라 사내에 인력을 보유한 경우는 드물고, 브레인 패드와 같은 전문 업체에 의뢰하는 것이 일반적이라고 합니다.

(3)은 데이터를 모델에 투입하고, 그 출력을 기존의 구조에 통합 시스템을 담당하는 사람입니다. 예를 들어 웹 사이트에 챗봇을 만드는 경우라면, 웹 사이트의 담당자에 해당합니다.

그리고 (4)번의 중개인은 기존의 조직에는 없지만, 중요한 역할을 하는 사람으로 시모다 씨는 다음과 같이 지적합니다.

"엔지니어와 인공지능 기술을 이해하면서 비즈니스로 이어가는 사람이 없으면 인공지능 도입 이후의 업무가 잘 돌아갈 수 있을지 우려가 됩니다."

비즈니스에 종사하는 사람이 관련 기술을 익히는 것은 대단히 어려우므로, 딥러닝 기술자나 엔지니어가 활용에 관심을 가지고 가교역할을 담당하는 인력이 되어서, 비즈니스와도 접점을 가지는 것이 좋지 않을까 생각한다고 합니다.

"이런 인력이 늘어나지 않으면, 인공지능이 한때의 붐으로 그칠 수도 있습니다."

라고 시모다 씨는 위기감을 표현했습니다.

인공지능 기술은 텐서플로와 같은 라이브러리나 다양한 API가 제공되어 진입 장벽이 낮아졌습니다. 그것을 비즈니스에 활용하는 청사진을 그려서 인공지능 프로젝트를 관리할 수 있는 인재가 필요한 단계가 된 것입니다.

다만, 현 시점에서 사내에 그러한 인재가 있는 기업은 그렇게 많지 않기 때문에 브레인 패드와 같은 외부 기업에 의뢰하는 사례도 많다고 합니다.

시모다 씨는 인공지능 프로젝트를 관리할 수 있는 인재가 부족한 문제를 해소하기 위해, 엔지니어가 아닌 사람도 참가하여 인공지능 도입 사례를 공유하는 이벤트도 개최하고 있습니다. 바로 텐서플로 사용자 그룹의 for Biz 이벤트입니다.

시모다 씨는 이런 구상을 내비쳤습니다.

"인공지능 사용자를 엔지니어에서 기업 사용자로 확대해 나가고자 합니다."

머신러닝은 상품화되었다. 그 다음의 특별한 존재는?

마지막으로 시모다 씨에게 딥러닝의 비즈니스 활용을 촉진하기 위한 조언을 구했습니다.

"딥러닝과 같은 인공지능의 실용성은 구글 등의 세계적인 IT 기업들이 점점 높여가고 있습니다. '머신러닝의 민주화'라고 부르기도 하는데, 이는 매우 정확한 표현이라고 생각합니다. 인공지능이 연구자들의 품을 떠나, 이제는 상품이 되었습니다. 인공지능을 자사의 비즈니스에 적절히 적용하는 것이 타사와 차별화되는 포인트가 될 것입니다.

인공지능이 비즈니스 도구가 된다면, 새로운 비즈니스 도구를 제대로 이해해야만 합니다. 그리고 인공지능이 특별한 존재가 아니게 된 이후에 특별한 가치를 가지는 것은 바로 데이터일 것입니다.

딥러닝에 최대한 빨리 뛰어들어 지식을 쌓고, 회사에 필요한 데이터를 이해하여 하루라도 빨리 데이터를 모아 시작하는 것이 중요합니다. 이는 딥러닝의 정확도를 높이는 작업이 되어 기업의 경쟁력을 높이게 될 것입니다."

딥러닝이 촉발한 비즈니스 경쟁이 파도처럼 밀어닥칠 때가 그리 멀지 않았습니다.

그 전에 회사의 상황을 정리하고 작은 실험부터 시작해서 활용 가능성을 모색해 보는 것은 어떨까요?

미래 전망 편

딥러닝이 문제를 해결하는 미래

구글 클라우드 머신러닝 그룹 연구 책임자인 Jia Li 씨께 묻는다

딥러닝이 문제를 해결하는 미래
구글 클라우드 머신러닝 그룹 연구 책임자인 Jia Li 씨께 묻는다

지금까지 머신러닝과 딥러닝은 우리의 삶과 비즈니스에 다양한 가능성을 가져다 준다는 사실을 알 수 있었습니다.

물론, 지금 현실 사회에서 발생하는 다양한 문제를 해결할 수 있는 것은 아니며, 비즈니스에 적용한다고 실적이 갑자기 오를 것이라고도 장담할 수 없습니다.

그러나 앞으로 우리는 머신러닝과 딥러닝의 성과를 포함한 이른바 '인공지능(AI)'과 좋든 싫든 함께 살아가야 할 것입니다.

그러면 'AI 퍼스트'를 천명한 구글은 앞으로의 머신러닝과 딥러닝 기술의 진보, 실제 사용사례에 대해 어떤 비전을 가지고 있을까요?

이번 장에는, 미국의 구글 클라우드 머신러닝 그룹 연구 책임자로 계신 Jia Li 씨와 인터뷰한 내용을 담았습니다(그림 6-1).

Li 씨는 스탠퍼드 대학에서 컴퓨터 과학 박사 학위를 받은 후, 야후 연구소를 거쳐 스냅챗(Snapchat, 젊은 층을 중심으로 인기를 끌고 있는 동영상 메신저)의 인공지능과 머신러닝, 이미지 인식 등의 연구를 수행했습니다. 그리고 2016년에는 구글의 머신러닝 그룹 연구 책임자로 취임했습니다.

　이미지 인식 분야의 전문가이기도 한 Li 씨께 머신러닝과 딥러닝의 현재 상황과 미래의 전망을 들어 보았습니다.

 구글 클라우드 머신러닝 그룹 연구 책임자, Jia Li

기술 혁신의 견인차는 딥러닝

기자 : 이미지 인식은 지난 몇 년간 급속히 정밀도가 높아져 응용 범위가 넓어지고 있습니다. 무엇이 혁신을 이끌었다고 생각하십니까?

Jia Li : 컴퓨터 과학에서 이미지 인식은 오랫동안 극복해야 할 과제였지만, 지난 몇 년 사이에 큰 발전을 이루었습니다. 이 발전에는 세 가지 요소가 관여했다고 생각합니다. 그것은 '빅 데이터', '컴퓨터의 성능 향상', '고급 알고리즘'입니다.

인터넷의 발달은 많은 양의 이미지 데이터를 손쉽게 구할 수 있게 만들었습니다.

많은 양의 CPU를 사용하거나 빠른 연산이 가능한 GPU(Graphics Processing Unt : 영상 처리 반도체)를 사용하는 등의 방법을 통해 컴퓨터의 성능도 향상되었습니다.

거기에다 고급 알고리즘인 딥러닝이 이러한 요소를 통합하여 정밀한 이미지 인식을 할 수 있게 했습니다. 딥러닝이 이미지 인식 정확도 향상의 가장 큰 견인차가 되고 있습니다.

기자 : 실제로 딥러닝으로 사람을 능가하는 이미지 인식률을 얻을 수 있다는 연구 성과가 발표되어 있습니다.

Jia Li : 네. 스탠포드 대학에서 박사 과정 중인 학생이 시행한, 최신 딥러닝 기술이 적용된 화상 인식 알고리즘과 사람을 비교한 실험에서 알고리즘이 사람을 능가하는 결과를 얻었다고 합니다. 이는 이미지 인식 연구가 크게 발전했음을 뜻한다고 생각합니다.

그러나, 이로써 이미지 인식 알고리즘이 사람을 능가했다고 판단하기는 아직 이릅니다. 선구적인 연구를 계속해 왔기 때문에 특정 분야의 이미지 인식에서는 사람보다 높은 정밀도를 얻을 수 있게 되었지만, 이것은 전체 이미지 인식 분야를 놓고 보았을 때는 일부분에 불과합니다.

아직 풀어나가야 할 문제와 개선, 발전의 여지가 많이 남아있습니다.

사람은 우수하다. 알고리즘 연구는 아직 진행 중

기자 : 어떤 분야의 이미지 인식을 아직 알고리즘으로 해결하지 못한 것인가요?

Jia Li : 예를 들어, 이미지를 종합적으로 이해하거나, 반대로 이미지를 나누어 이해하는 부분입니다. 더 나아가서는 액션과 이벤트를 이해하는 부분입니다.

종합적으로 이해한다는 것은 이미지에 다양한 정보가 포함되어있을 때, 어떤 물체가 찍혀있고, 그것이 어떤 이미지인지를 이해한다는 것입니다.

예를 들어, 그 이미지에 이미지를 설명하는 주석을 다는 과제는 이미지에 대한 종합적이고 고차원적인 이해가 필요한 과제입니다.

또한, 이미지를 나누어 이해하는 것도 어려운 과제입니다. 즉, 이미지 안의 픽셀이 의자를 뜻하는지, 책상을 뜻하는지 머리카락을 뜻하는지를 파악하여, 물체의 경계선이 어디에 있는지를 찾는 과제입니다.

동영상 속에서 물체의 궤도와 궤적을 인식하는 과제도 있습니다.

기자 : 아직 딥러닝이 사람을 뛰어넘지 못한 분야가 있다는 것이로군요.

Jia Li : 물론입니다. '이미지 넷'(http://image-net.org/)이라는 연구가 있습니다. 하나의 이미지 인식 데이터 세트를 사용한 연구이지요.

이 연구에서는 이미지를 분류하는 작업에서는 사람을 능가한다는 성과를 얻었지만, 사람이 인공지능보다 훨씬 뛰어난 과제가 많이 남아있습니다. 연구자들은 연구를 계속해야만 합니다.

사람은 방대한 지식을 사용하여 문맥(컨텍스트)을 파악한 다음에 이미지를 인식할 수 있습니다. 한눈에 상황을 판단한다는 뜻의 '백문이 불여일견'이라는 속담과 일맥상통하는 부분이 있지요?

컴퓨터에도 이미지를 뒷받침하는 지식을 제공하여 같은 맥락(컨텍스트)으로 묶는 연구가 진행되고 있습니다. 이미지를 설명할 수는 있습니다만, 사람과 같은 고도의 인식에 이르기까지는 아직 갈 길이 멉니다.

동영상에는 사진보다 그림을 이해하기 위한 부가정보를 이용하기 쉽다는 성질이 있습니다. 이미지가 시계열 데이터로 존재하며, 오디오 데이터도 있습니다.

사람은 이 정보를 종합적으로 판단하고 이해합니다. 하지만 컴퓨터가 그 신호들을 통합해서 활용하게 하는 연구는 아직도 부족합니다.

기자 : 딥러닝은 크게 발전했다고 생각합니다. 하지만, 연구와 발전이 더욱더 필요하다는 말씀인지요?

Jia Li : 확실히 지금까지의 딥러닝은 상당한 발전을 이룩한 것으로 알려져 있습니다. 하지만, 그 연구 성과가 컴퓨터와 자연어 처리, 이미지 처리 등 각 분야의 연구 성과가 집대성된 결과라는 사실을 간과해서는 안 됩니다.

실제로는 방대한 영역이 과제로 남아있기에 더욱 넓은 분야에서의 연구가 필요합니다. 그 중 하나가 딥러닝의 학습에는 많은 양의 데이터가 필요하다는 점입니다.

따라서, 어떻게 해야 매우 한정된 사례나 단 하나의 사례로부터 학습할 수 있을지도 연구가 필요한 분야입니다.

사람이라면 단 한 장의 사진을 통해서도 새로운 것을 인식해서 배워나갈 수 있지만, 딥러닝은 그런 일이 불가능합니다.

사람이 접하는 수준의 제한된 데이터, 또는 인터넷에 올라와 있는 데이터처럼 노이즈가 많이 섞인 데이터를 어떻게 결합하여 의미있는 정보를 구할 것이냐는 점도 남아있는 과제입니다.

딥러닝은 '데이터 헝그리'

 : 딥러닝도 과제를 해결하는 수단으로써 만능이 아니라는 말씀이신지요?

 : 과제 해결에는 딥러닝에 속하는 방법론이 도움이 되는 경우가 있을 것이고, 그 외의 방법론이 도움이 되는 경우도 있을 것입니다.

조금 전에도 말씀드렸듯이, 딥러닝은 '데이터 헝그리' 상태라 많은 양의 데이터가 필요합니다. 하지만, 템플릿을 사용하여 특징을 비교해 나가는 방법이라면 적은 양의 데이터로도 이미지를 인식할 가능성이 있습니다.

기술의 흐름은 파도와 같습니다. 뉴럴 네트워크의 등장 이후 지금까지 수 많은 방법론이 있었습니다. 얕은 학습을 하는 샬로우(Shallow) 러닝도 있었으며, 서포트 벡터 머신(SVM)도 있었습니다.

머신러닝에서 출발하여 조금씩 진보한 결과, 이처럼 다양한 학습 방법론이 등장했습니다. 그 중에서 딥러닝이 가장 큰 성과를 낸 것입니다.

특히 이미지 인식과 음성 인식에서 성과를 내고 있습니다. 이 성과를 바탕으로 여러 분야의 전문지식을 융합시켜 나감으로써, 새로운 성과를 내려는 접근 방식이 머신러닝과 딥러닝에도 필요할 것입니다.

예를 들자면, 이미지 인식과 오디오 인식, 음성 인식을 결합하고 여러 개의 센서 데이터를 통합하여 동영상의 의미를 이해하려는 시도를 생각해 볼 수 있습니다.

각 분야의 성과와 다양한 지식을 통합하려는 시도가 향후의 연구에 큰 의미를 부여하리라 생각합니다.

이렇게 다양한 지식을 통합하기 위한 장소로써 구글 클라우드 플랫폼이 존재하는 것입니다.

AI 연구의 목표는 현실 세계의 문제 해결

기자 : 구글이 연구 개발을 통해 얻은 연구 결과가 구글 클라우드 플랫폼을 통해 기업 고객에게 환원된다는 뜻인지요?

Jia Li : 우리 구글은 'AI의 민주화'를 하나의 사명이라고 생각하고 있습니다. AI와 머신러닝 연구자의 전문지식을 통합하면 고객의 과제를 해결할 수 있으리라 생각합니다. 우리 연구자들의 목표는 선구자적인 연구를 계속하여 혁신을 실현하는 것입니다.

그러나, 실제로 활용할 수 있는 기술을 제공하여 고객이 새로운 기회를 잡기 위한 원동력을 제공하는 것 또한 구글 연구 개발 부문의 사명이라고 생각하고 있습니다.

그래서 지금 구체적으로 제공할 수 있는 것이 있느냐 하면, 또 그렇지가 않습니다.

실제로는 '고객이 어떤 문제 의식을 느끼고 있는가?', '그것을 어떻게 해결하려고 생각하고 있는가?'라는 질문에서부터 촉발될 것으로 생각합니다. 기술적으로 어떤 해결 방법이 있는지 그 가능성을 탐구하기 위해서라도 고객의 소리에 더욱 귀를 기울이려 하고 있습니다.

기자 : 머신러닝과 딥러닝, 그리고 AI를 통해 모든 과제를 해결한 후에는 어떤 세상이 찾아오리라 생각하십니까?

Jia Li : 언젠가 그런 날이 온다는 '꿈'을 가정해서 말씀하시는 것이군요.

컴퓨터가 더욱 지적으로 변하고 고도화되어 자신을 둘러싼 세상을 사람과 동일한 수준으로 인식할 수 있게 되면, 컴퓨터는 세상을 더욱 높은 수준에서 해석하게 될 것입니다. 그렇게 되면, 컴퓨터와 사람은 더욱 높은 수준에서 커뮤니케이션을 할 수 있게 될 것입니다. 그때의 AI 기술은 사람이 인지하고 인식하는 능력의 효율을 높여, 사람에게 새로운 기회를 제공하게 될 것입니다.

지금은 사람이 하는 지루한 반복 작업이나 위험한 작업, 높은 정밀도가 필요한 작업은 AI를 활용하여 컴퓨터에게 맡길 수 있습니다. 이러한 작업을 보다 편안하고 안전하게, 확실하게 해 나갈 수 있는 것입니다.

비즈니스 현장은 물론, 스마트 홈, 스마트 쇼핑, 교통 식사, 엔터테인먼트 등의 모든 상황에서 AI의 능력을 활용할 수 있으리라 생각합니다.

딥러닝은 사람의 삶에 큰 영향을 줄 수 있는 존재입니다.

그래서 우리 AI 연구자들은 클라우드 머신러닝 연구를 통해 많은 사람이 AI를 활용할 수 있도록 진입 장벽을 낮추기 위해서 노력하고 있습니다.

하지만, 어디까지나 현실 세계의 문제를 해결하기 위한 수단으로 AI 기술을 활용할 뿐이라는 점을 상기할 필요가 있습니다.

미래의 그 시점에 가장 적합한 방법론은 딥러닝일 수도 있지만, 전혀 다른 방법론일 수도 있습니다. 또는 그들을 조합한 기술일지도 모릅니다.

우리 기술자들에게는 AI 기술도 관심의 대상이지만, 현실 세계에서 해결해야 할 과제의 내용 자체가 가장 중요한 관심의 대상입니다.

찾아보기

[한글]

[영문]

구글에서 배우는 딥러닝

1판 1쇄 발행 2017년 9월 5일
1판 2쇄 발행 2017년 11월 20일

저 자 | 닛케이 빅 데이터
발행인 | 김길수
발행처 | 영진닷컴
주 소 | (우)08505 서울시 금천구 가산디지털2로 123
        월드메르디앙 벤처센터 2차 10층 1016호
등 록 | 2007. 4. 27. 제16-4189호

©2017. (주)영진닷컴

ISBN | 978-89-314-5663-9

http://www.youngjin.com

YoungJin.com Y.
영진닷컴